10 Lições sobre
BODIN

Dados Internacionais de Catalogação na Publicação (CIP)
(Câmara Brasileira do Livro, SP, Brasil)

Barros, Alberto Ribeiro G. de
  10 lições sobre Bodin / Alberto Ribeiro G. de Barros. –
Petrópolis, RJ : Vozes, 2011. – (Coleção 10 Lições)

  Bibliografia.

  2ª reimpressão, 2021.

  ISBN 978-85-326-4079-6

  1. Bodin, Jean, 1530-1596 2. Direito e política
3. Direito – Filosofia 4. Política – Filosofia
I. Título. II. Série.

11-00204   CDU-34:32

Índices para catálogo sistemático:
1. Bodin : Filosofia jurídica e política :
Direito político   34:32

Alberto Ribeiro G. de Barros

10 Lições sobre
BODIN

Petrópolis

© 2011, Editora Vozes Ltda.
Rua Frei Luís, 100
25689-900 Petrópolis, RJ
www.vozes.com.br

Todos os direitos reservados. Nenhuma parte desta obra poderá ser reproduzida ou transmitida por qualquer forma e/ou quaisquer meios (eletrônico ou mecânico, incluindo fotocópia e gravação) ou arquivada em qualquer sistema ou banco de dados sem permissão escrita da editora.

CONSELHO EDITORIAL

Diretor
Gilberto Gonçalves Garcia

Editores
Aline dos Santos Carneiro
Edrian Josué Pasini
Marilac Loraine Oleniki
Welder Lancieri Marchini

Conselheiros
Francisco Morás
Ludovico Garmus
Teobaldo Heidemann
Volney J. Berkenbrock

Secretário executivo
João Batista Kreuch

Editoração: Dora Beatriz V. Noronha
Diagramação: Victor Mauricio Bello
Capa: Sheilandre Desenv. Gráfico
Ilustração de capa: Omar Santos

ISBN 978-85-326-4079-6

Editado conforme o novo acordo ortográfico.

Este livro foi composto e impresso pela Editora Vozes Ltda.

Para meus pais,
José Augusto e Maria da Graça

Sumário

Introdução, 9
Primeira lição – O jurista filósofo, 11
Segunda lição – Humanismo jurídico, 18
Terceira lição – Direito universal, 26
Quarta lição – História e Direito, 35
Quinta lição – A República, 42
Sexta lição – Soberania, 49
Sétima lição – Limites do poder soberano, 55
Oitava lição – Estado e governo, 62
Nona lição – A melhor constituição política, 67
Décima lição – A justiça, 74
Conclusão, 81
Referências, 83

Introdução

Jean Bodin é um desses autores que são mais citados do que lidos. O estilo sinuoso, a linguagem rebuscada e os longos comentários repletos de diversas exemplificações históricas realmente dificultam a compreensão de uma obra que conheceu considerável notoriedade após sua publicação, com inúmeras reedições, mas que tem sido cada vez menos estudada. A fama do autor ficou então restrita a *Les six livres de la République* (1576), em que se encontra a sua teoria da soberania. Ainda hoje o seu nome é frequentemente associado a esse conceito fundamental do direito político moderno.

De fato, a maioria dos historiadores do pensamento político considera Bodin o primeiro teórico da soberania. Ele próprio reivindica tal primazia, ao defender a necessidade de definir um conceito que ainda não havia sido formulado por nenhum jurista ou filósofo, embora fosse o ponto principal num estudo sobre o Estado.

Mas a originalidade pretendida não deixa de ser descabida. A noção de soberania não foi elaborada por um só autor nem por uma única geração. Na verdade, ela foi sendo construída nos enfrentamentos políticos e nas disputas legais entre o papado, o império e alguns monarcas pela supremacia sobre um determinado território, no decorrer do período medieval[1].

---

1. Sobre a gênese do conceito de soberania, cf. BARTELSON, J. *A genealogy of sovereignty*. Cambridge: Cambridge University Press, 1995. • KRITSCH, R. *Soberania*: a construção de um conceito. São Paulo: Humanitas/Imprensa Oficial, 2002, p. 199ss.

No entanto, se é possível identificar a gênese da noção de soberania na doutrina papal da *plenitudo potestatis* ou na reivindicação do *imperium* feita pelos legistas franceses e napolitanos para seus monarcas[2], ela só se tornou uma referência obrigatória e uma noção organizadora do pensamento político e jurídico moderno depois da exposição feita por Bodin. O seu grande mérito foi ter reunido e articulado ideias que apareciam esparsas em seus antecessores. A sua principal contribuição foi ter sintetizado essas ideias numa definição clara e precisa de um conceito que vai ser utilizado por praticamente todos os filósofos, de Hobbes a Kant, para pensar o Estado moderno.

Mas a sua obra não se limitou a propor uma teoria jurídica do poder público do Estado. Ela tratou de diversas temáticas. A curiosidade intelectual desse jurista francês o conduziu aos mais diferentes campos do conhecimento humano. O seu espírito enciclopedista, próprio dos renascentistas, procurou abarcar quase todos os saberes de sua época: educação, história, geografia, economia, moral, física, demonomania, metafísica, teologia. A sua ambição sistematizadora o levou a propor inúmeras teorias, algumas completamente irrelevantes nos dias atuais, outras ainda pertinentes.

Nas lições que se seguem, em razão dos limites deste volume, será privilegiado o seu pensamento jurídico e político, tanto por ser considerada a sua produção intelectual mais relevante quanto por ser ainda capaz de contribuir para o debate contemporâneo.

---

2. GIERKE, O. *Political Theories of Middle Age*. Cambridge: Cambridge University Press, 1951, p. 35ss. • ULLMANN, W. "The development of the medieval idea of sovereignty". *English Historical Review*, n. 61, 1949, p. 1-34. • WILKS, M. *The problem of sovereignty in the Latter Middle Age*. Cambridge: Cambridge University Press, 1963, p. 151ss.

Primeira lição
O jurista filósofo

Jean Bodin nasceu em Angers entre junho de 1529 e junho de 1530. Filho de um bem-sucedido negociante, ele teve uma boa e sólida formação. A partir de 1542, o bispo de Angers assumiu a responsabilidade de seus estudos. Talvez influenciado por seu mentor, Bodin ingressou na ordem religiosa de Nossa Senhora do Monte Carmelo em 1545, indo logo em seguida para Paris, onde estudou filosofia e teologia. Além da tradicional formação escolástica, ele teve a oportunidade de vivenciar a efervescência cultural que agitava o meio intelectual parisiense: o neoplatonismo florentino, o neoaristotelismo paduano, a lógica ramista, os ensinamentos dos protestantes e dos humanistas. Em 1548 abandonou a vida religiosa. Para alguns biógrafos, ele teria sido expulso do convento por ter professado opiniões inspiradas na Reforma, só escapando da fogueira graças à intervenção de seu mentor; para outros, sua saída teria sido voluntária ao constatar a falta de vocação sacerdotal[3].

Não há também consenso sobre o ano de sua chegada e o período de permanência em Toulouse, onde realizou seus estudos jurídicos na prestigiosa universidade daquela cidade. Alguns biógrafos afirmam que teria sido no ano de 1548;

---

3. PASQUIER, E. *La famille de Jean Bodin*. Paris: SEF, 1933, 9-45. • NAEF, H. "La jeunesse de Jean Bodin ou les conversions oubliées". *Bibliothèque d'Humanisme et Renaissance,* vol. VIII, 1948, p. 137-155.

outros, que teria sido em 1550; e outros não reconhecem sua presença senão a partir de 1554. Seja qual for essa data, a década de cinquenta foi marcada por um caloroso debate acadêmico entre aqueles que consideravam a compilação de Justiniano um sistema legal perfeito, cuja autoridade exigia do jurista apenas a adaptação de suas normas, e aqueles que viam nos ideais humanistas a possibilidade de recuperar o autêntico direito romano, deturpado pelos ministros de Justiniano e alterado pelas análises equivocadas dos glosadores e comentadores medievais. Nesse clima de disputa entre dois modos de ensino jurídico, Bodin recebeu uma formação jurídica tradicional e, ao mesmo tempo, teve contato com o ideário do humanismo jurídico[4].

Em 1555 Bodin publicou uma tradução dos versos sobre a caça do poeta grego Oppiano: *Oppiani de Venatione libri III*. Dedicado ao seu mentor, o bispo de Angers, é um trabalho literário repleto de comentários filológicos e filosóficos, que revelam um bom domínio do grego, do latim, da história e da filosofia antiga. A recepção, no entanto, foi comprometida pela acusação de plágio feita pelo professor de grego da Universidade de Toulouse, Adrien Turnebe, que publicou uma tradução crítica e didática dos mesmos versos alguns meses depois. Mas Turnebe havia deixado Toulouse em 1547, ou seja, antes da chegada de Bodin, o que torna pouco provável o recurso às lições do famoso helenista. Além disso, a carta dedicatória indica que o trabalho deve ter sido realizado durante a estada no convento dos carmelitas em Paris.

Durante seu período acadêmico, Bodin escreveu alguns tratados jurídicos, cujos conteúdos são desconhecidos, porque foram queimados após sua morte, conforme vontade

---

4. MESNARD, P. "Jean Bodin à Toulouse". *Bibliothèque d'Humanisme et Renaissance*, n. 12, 1950, p. 31-59.

testamentária. Os títulos – *De imperio, De decretis, De iusrisdictione, De legis actionibus, De iudiciis* – e as referências realizadas em textos posteriores indicam que suas principais preocupações estavam concentradas no funcionamento das instituições romanas e na hierarquia do poder civil. Ao analisar as funções e poderes dos magistrados romanos, a sua intenção nesse período talvez fosse compreender melhor noções como *iurisdictio, decretum* e, principalmente, *imperium*.

Mas seus escritos jurídicos e o desempenho como professor assistente de direito civil, função que assumiu a partir de 1558, não parece ter entusiasmado seus colegas. Com poucas chances de assumir a titularidade de uma das cadeiras de direito da Universidade de Toulouse, ele abandonou a vida acadêmica.

Em 1559, com a esperança de ser indicado para o cargo de diretor de um colégio humanista que havia sido projetado segundo o modelo do *College de Trois Langues* de Paris, Bodin publicou *Oratio de instituenda in Republica iuventute ad Senatum Populumque Tolosatem*. Esse seu discurso foi apresentado como uma forma de encorajar os senadores de Toulouse que já estavam convencidos e de persuadir os que ainda tinham dúvidas sobre a utilidade da construção desse colégio humanista, onde os jovens poderiam adquirir a cultura literária tão indispensável para o êxito nos estudos jurídicos. Mas o Senado vetou o projeto de construção do colégio, optando pela utilização dos recursos disponíveis para a edificação de uma ponte sobre o Rio Garonne[5].

No início dos anos sessenta, Bodin retornou para Paris, onde foi trabalhar como advogado no Parlamento. A experiência forense lhe revelou um direito mais amplo do

---

5. Cf. MESNARD, P. "Jean Bodin devant le problème de l'éducation". *Revue des Travaux de l'Académie des Sciences Morales et Politiques,* 1959, p. 217-227.

que aquele aprendido nos bancos escolares: o direito costumeiro que era aplicado regularmente nos tribunais. Ele passou a repudiar a exegese filológica da academia e a elogiar os juristas que conseguiam unir o conhecimento das leis com a prática jurídica. Nesse período, Bodin também concebeu seu grande projeto intelectual: reunir as leis de todos os povos ou, pelo menos, dos mais ilustres, classificá-las e compará-las, a fim de encontrar o que há de comum entre elas. O resultado desse empreendimento seria a tão desejada arte jurídica que não havia ainda sido exposta por nenhum jurista. Trabalho extremamente ambicioso ao qual passou a dedicar todos seus esforços e que vai ser publicado apenas em 1578 com o título *Iuris universi distributio*[6].

Na atividade comparativa para a elaboração desse direito universal, Bodin constatou a importância da história tanto para o melhor conhecimento dos diversos ordenamentos jurídicos do passado quanto para a melhor compreensão da razão das leis de cada povo. Mas ele considerava que os relatos históricos encontravam-se muito esparsos e desordenados para serem utilizados nesse processo. O método capaz de organizá-los e selecioná-los é apresentado em *Methodus ad facilem historiarum cognitionem,* publicado em 1566. Nesse trabalho, Bodin propõe uma arte de leitura e uma técnica de aquisição, memorização e crítica dos relatos históricos[7].

A obra trouxe finalmente o reconhecimento público. Como era costume da monarquia francesa escolher seus altos funcionários entre os mais famosos advogados do Parlamento, Bodin foi designado procurador do rei para as Florestas

---

6. Cf. GOYARD-FABRE, S. "Commentaire philosophique de l'exposé du droit universel". *Exposé du droit universel.* Paris: PUF, 1985, p. 85-170.

7. Cf. COUZINET, M.-D. *Histoire et methode a la Renaissance*: une lecture de la Methodus de Jean Bodin. Paris: Vrin, 1996, p. 33ss.

da Normandia; e, em 1571, foi nomeado secretário e conselheiro do Duque de Alençon, irmão do monarca francês e o primeiro na linha de sucessão ao trono.

Com o agravamento das guerras religiosas, cujo ápice foi a Noite de São Bartolomeu, em 24 de agosto de 1572, que iniciou o massacre de milhares de protestantes em Paris e depois em várias províncias francesas, Bodin aproximou-se do partido dos *politiques*, grupo político moderado que sustentava a tolerância religiosa e o fortalecimento do poder do rei como forma de superar o impasse causado pelos conflitos entre católicos e protestantes. Nesse período, viajou pela Europa em várias missões diplomáticas e exerceu certa influência sobre a política real.

Diante do desconhecido fenômeno do aumento contínuo e crescente dos preços, Bodin publicou em 1576 *La reponse au paradoxe de Monseiur de Malestroit touchant l'encherissement de toutes choses & le moyen d'y remedier*, na qual explicava que esse aumento era causado pelo acréscimo no fluxo de ouro e prata trazidos das colônias americanas para a Europa. Esse opúsculo tem sido considerado pelos historiadores a primeira explicação monetarista do fenômeno inflacionário[8].

No mesmo ano, com a morte prematura do Duque de Alençon, voltou para Angers e casou-se com a rica viúva de um colega, Françoise Trouillart. Graças ao prestígio de seu sogro, foi eleito deputado do terceiro estado pelo condado de Vermandois para a Assembleia dos Estados Gerais de Blois. Sua atuação, descrita por ele mesmo em *Recueil journalier de tout qui s'est négocié en la compagnie du tiers Estat de France, en l'assemblée génerale des trois Etats assignez par le Roy en la ville de Blois au 15 novembre 1576,* em favor da tolerância religiosa e contra as pretensões reais por aumento

---

8. Cf. LAURENT, J. *Les idées monétaires et commerciales de Jean Bodin*. Bordeaux: Y. Cadoret, 1907, p. 15ss.

de impostos, comprometeu consideravelmente suas relações com a coroa francesa[9].

Bodin publicou também nesse mesmo ano sua obra mais importante: *Les six livres de la République*. Escrita em língua vernácula, para que pudesse ser lida pelo maior número possível de franceses, foi apresentada como a sua contribuição para a manutenção de um reino ameaçado pelos crescentes conflitos religiosos que colocavam em risco a ordem pública. O resultado de seu esforço de especulação dos princípios do direito político, em especial da noção de soberania, foi o estabelecimento dos fundamentos teóricos do Estado moderno[10].

Mesmo afastado da corte francesa, Bodin foi nomeado, em 1578, procurador judicial em Laon, onde permaneceu até sua morte, em 1596, provavelmente causada pela peste. Nesse período escreveu diversos opúsculos sobre moral, educação, religião e ainda três volumosas obras: *De la démonomanie des sorciers* (1580), dedicada ao processo de julgamento dos acusados de bruxaria, para que os juízes responsáveis por tais casos pudessem reconhecer, avaliar e julgar as ações produzidas pela interferência do demônio[11]; *Universae naturae Theatrum* (1590), um tratado de física, no qual descrevia o funcionamento da natureza como expressão da vontade divina[12]; e *Colloquium heptaplomeres* (1593), um diálogo

---

9. Cf. CRAHAY, R. "Jean Bodin aux États Généraux de 1576". *Assemblee di Stati e Istituzioni Rappresentative nella Storia del Pensiero Politico Moderno*. Rimini: Maggioli, 1983, p. 85-120.

10. Cf. GOYARD-FABRE, S. *Jean Bodin et le droit de la République*. Paris: PUF, 1989, p. 73ss.

11. Cf. JACQUES-CHAQUIN, N. "La demonomanie des sorcies – Une lecture philosophique et politique de la sorcellerie". *Jean Bodin: nature, histoire et politique*. Paris: PUF, 1996, p. 43-68.

12. ROSE, P. *Bodin and the great God of nature*. Genebra: Droz, 1980, p. 24ss.

entre sete representantes de diferentes crenças – judeu, católico, luterano, calvinista, maometano, filósofo natural e livre-pensador – no qual são discutidos temas considerados sublimes como a criação do universo, a revelação de Deus através da ordem natural, o lugar do homem no cosmo, a verdadeira religião, entre outros[13].

---

13. Cf. KUNTZ, M. "Harmony and the Heptaplomeres of Jean Bodin". *Journal of the History of Philosophy*, vol. XII, 1974, p. 131-141.

Segunda lição

Humanismo jurídico

Em *Oratio de instituenda in Republica iuventute ad Senatum Populumque Tolosatem*, Bodin defende a necessidade de uma sólida formação humanista para a compreensão do Direito Romano, porque sem recorrer aos procedimentos de crítica filológica e histórica, desenvolvidos pelo humanismo jurídico, esse direito tornava-se incompreensível.

É bom lembrar que, quando o direito deixou de ser um mero complemento às artes liberais para ser tratado como uma disciplina autônoma, por volta do final do século XI, o seu estudo concentrou-se na compilação de Justiniano, que havia sido quase completamente ignorada até então, com exceção dos nove primeiros livros do *Código* e de algumas partes das *Institutas* e das *Novelas*.

A preocupação inicial desse estudo era totalmente analítica, voltada para a lógica interna dos textos (*litera*). O método desenvolvido nas escolas italianas consistia na leitura detalhada de cada parte da compilação (*lectura*), acompanhada de explicações literais (*gloses*). Diferentemente do tradicional comentário teológico *(comentum)*, que buscava o sentido e o significado do texto, as glosas jurídicas atentavam mais para a análise de cada palavra, no afã da correta compreensão de cada passagem. Se no início o método consistia em apenas substituir as palavras por brevíssimas anotações (*interlineare*), logo depois começaram a surgir notas marginais (*marginale*) cujo objetivo era dar uma explicação mais detalhada da passagem em questão. Havia também o esforço para conciliar o texto glosado com outras partes da compilação. O resultado desse trabalho exegético foi a elaboração de tratados sistemáticos e completos (*summa*) cujo principal objetivo era revelar a unidade de textos aparentemente redundantes e contraditórios, mostrando que se tratava de um verdadeiro *Corpus iuris civilis*. Já no século XIII, a compilação justiniana havia sido totalmente glosada, permitindo a Accursius reunir e selecionar o material produzido para a redação de uma glosa que se tornou referência obrigatória na prática legal: a *glossa ordinaria* ou *magna glossa*[14].

No decorrer do século XIV, um novo método desenvolvido nas escolas de teologia e filosofia passou a ser utilizado no ensino jurídico. Embora tenha sido inicialmente aplicado nas escolas francesas, principalmente em Orleans e Toulouse, foi na Itália que ele se consolidou, principalmente com o trabalho de Cynus da Pistoia que o empregava no comentário das leis romanas, interpretando os textos legais de acordo com as exigências políticas do seu tempo. Bartolus de Sassoferrato aprofundou o método interpretativo e a aplicação do Direito Romano aos problemas contemporâneos. Mestre na nova técnica, ele utilizou abundantemente o aparato aristotélico-tomista e fez do comentário a forma literária de um novo modo de ensino cuja maior preocupação era ajuizar a intenção das leis romanas e adaptá-las às novas necessidades legais introduzidas pelas relações sociais, econômicas e políticas de sua época. Por ter sido cultivado principalmente nas escolas italianas, esse método ficou conhecido como *mos italicus iura docendi* e os seus

---

14. *Medio Evo del diritto*

seguidores como comentadores ou bartolistas, em razão de seu mais ilustre representante[15].

A rigorosa análise exegética e o comentário tinham a intenção de tornar a compilação justiniana válida para a prática legal contemporânea. Na maior parte da Itália e sul da Europa, o Direito Romano era considerado o *ius* por excelência, um sistema legal perfeito e de aplicação universal, tanto por ser a legislação do Império, que acabava de ser restaurado na forma do Sagrado Império Romano Germânico, quanto por ser a expressão da própria razão, um ordenamento legal deduzido racionalmente e intrinsecamente racional.

Como os demais saberes medievais, o direito era uma disciplina fundada sobre a autoridade. A inconteste primazia da compilação de Justiniano, considerada o depósito inesgotável da verdade jurídica, um sistema legal insuperável, fazia da jurisprudência uma reflexão sobre o *Corpus iuris civilis* e do trabalho do jurista uma contínua explicação de suas leis a partir da confrontação de argumentos e de princípios muitas vezes contraditórios. A *sciencia iuris* era assim identificada com a interpretação jurídica, tornando o momento teórico da compreensão da norma inseparável das circunstâncias de sua criação[16].

Os humanistas viam com muita desconfiança o trabalho dos jurisconsultos medievais e a jurisprudência produzida pelos seus métodos. Eles julgavam que os glosadores e comentadores viveram numa época marcada por um profundo obscurantismo em que as artes e as ciências foram totalmente

---

15. Cf. CROSARA, F. "Dante e Bartolo da Sassoferrato: politica e diritto nell'Italia del Trecento". *Bartolo da Sassoferrato*: studi e documenti. Milão: Dott A. Giuffrè, 1962, p. 107-198.

16. Cf. ULLMANN, W. *Law and politics in Middle Ages.* Cambridge: Cambridge University Press,1975, p. 83-116.

ignoradas, em razão da falta de conhecimento da cultura literária, isto é, do estudo das línguas e das literaturas grega e latina, tão indispensável para a compreensão dos saberes antigos. No caso do direito, essa ignorância teria sérias consequências, pois somente com o domínio das línguas nas quais os textos jurídicos haviam sido escritos é que eles poderiam ser perfeitamente entendidos.

Lorenzo Valla foi um dos primeiros humanistas a criticar essa imperícia, superficialidade e falta de cultura literária dos bartolistas, que os teria conduzido a inúmeros equívocos de interpretação. Ele denunciou também a inconsistência do texto justiniano, que teria destruído a harmonia da jurisprudência romana. No mesmo período, Maffeo Vegio culpou diretamente o ministro de Justiniano que organizou a compilação, Triboniano, pela decadência dos estudos jurídicos, pois, se a jurisprudência romana não tivesse sido deturpada por esta compilação, não estaria sujeita às confusões dos bartolistas e não teria sido transmitida com tantas ambiguidades. Mas foi a crítica filológica de Angelo Poliziano que mais contribuiu para o descrédito do trabalho dos juristas medievais e para o desenvolvimento de um novo método no ensino jurídico. Embora não tenha concluído o projeto de uma edição crítica do *Corpus iuris civilis*, realizou a confrontação de um manuscrito do *Digesto* com a vulgata medieval, revelando as imprecisões de linguagem e as alterações introduzidas pelos bartolistas[17].

A crítica dos humanistas foi posteriormente incorporada por alguns juristas, como André Alciat, que recorreram ao estudo filológico, a fim de recuperar a vitalidade da autêntica jurisprudência romana. Embora seu início tenha ocorrido na Itália, foi nas escolas francesas, principalmente em Bourges

---

17. Cf. MAFFEI, D. *Gli inizi dell'umanesimo giuridico*, Milão: Dott A. Giuffrè, 1956, p. 30-60.

e em Toulouse, que a aplicação do instrumental humanista ao ensino do direito ganhou as dimensões de um verdadeiro movimento: o *mos gallicus iura docendi*[18].

Um dos principais responsáveis pela introdução dessas ideias humanistas nas escolas francesas foi Guillaume Budé. Inspirado pelos cursos de Valla, ele procurou determinar o texto original do *Digesto*, o uso correto e o sentido exato de cada termo dessa parte da compilação a partir de autores como Cícero, Plauto e Tito Lívio. O resultado de seu *Annotationes in Pandectas* (1508) foi a denúncia dos equívocos dos bartolistas, que teriam distorcido conceitos, porque tinham se baseado em manuscritos imperfeitos ou corrompidos pelos erros dos copistas, alterado o sentido de várias normas, em razão do desconhecimento da cultura clássica e da história legal de Roma, e concebido antinomias inexistentes, por causa do uso de um método inapropriado, deixando de perceber as verdadeiras contradições do texto justiniano[19].

Na segunda metade do século XVI, uma nova geração de juristas liderados por Jacques Cujas acentuou o estudo filológico segundo uma perspectiva histórica, denunciando os erros, neologismos e anacronismos que os ministros de Justiniano introduziram na adaptação das normas romanas aos costumes do Império Bizantino. Para eles era necessário identificar os vários períodos da história de Roma que haviam contribuído para a coletânea de Justiniano[20].

---

18. Cf. KISCH, G. "Humanistic jurisprudence". *Studies in the Renaissance,* n. 8, 1961, p. 71-87.

19. Cf. MORTARI, V.P. "Studia humanitatis e Scientia iuris in Guillaume Budé". *Studia Gratiana,* vol. XIV, 1967, p. 437-458.

20. Cf. MESNARD, P. "La place de Cujas dans la querelle de l'humanisme juridique". *Revue Historique de Droit Français et Etranger,* 1950, p. 521-537.

Os juristas do *mos gallicus* pleiteavam ainda a renovação da prática de ensino jurídico. Insatisfeitos com os resultados do *mos italicus* e fascinados pelo ideal pedagógico dos humanistas, que propunham um programa de estudo voltado para a elaboração de um saber simples, claro, harmônico e bem organizado na sua totalidade, eles consideravam a formação humanista, baseada nos *studia humanitatis* – o estudo da gramática, da retórica, da história, da poesia e da filosofia moral – como imprescindível para os estudos jurídicos[21].

No seu discurso sobre a educação, Bodin exalta a relevância dos *studia humanitatis* na restauração do autêntico direito romano, realizada pelos humanistas e pelos juristas do *mos gallicus*. Ele defende o projeto de construção de um colégio no qual os estudantes receberiam uma formação humanística que lhes possibilitaria adquirir a cultura literária tão indispensável para o êxito nos estudos jurídicos.

Entre os opositores desse projeto, Bodin identifica dois grupos: aqueles que desejavam adiar o empreendimento por considerá-lo muito oneroso aos cofres públicos; e aqueles que se declaravam hostis à própria cultura literária. Contra o primeiro grupo, depois de argumentar que a educação é de competência do poder público, demonstra que não pode existir algo mais útil para uma cidade, da qual todo seu futuro depende, do que dar uma excelente formação à sua juventude[22].

Em relação aos adversários da cultura literária, sua argumentação é bem mais longa. Entre as objeções levantadas por tais adversários, a principal era justamente que a cultura

---

21. Cf. MORTARI, P. "Considerazioni sugli scritti programmatici dei giuristi del secolo XVI". *Studia et Documenta Historiae et Iuris,* n. 21, 1955, p. 279.

22. Cf. BODIN, J. "Oratio de instituenda in Republica iuuventute ad Senatum Populumque Tolosatem". *Oeuvres Philosophiques de Jean Bodin*. Paris: PUF, 1951, p. 12 A-B.

literária não se adaptava aos estudos jurídicos. Para Bodin, sustentar tal incompatibilidade era condenar o direito à incompreensão, uma vez que a disciplina jurídica estava impregnada de eloquência, de filosofia e de agradáveis formas literárias. Por isso, o estudante de direito necessitava do auxílio de uma sólida cultura literária, para poder ler os textos jurídicos no original; precisava da filosofia, para conhecer a sua fonte de inspiração; e necessitava da retórica, para dominar a sua maneira de expressão. A constatação da enorme quantidade de jovens que procuravam todos os anos as escolas de Bourges, Orleans ou Strasbourg, onde as disciplinas humanistas eram associadas aos estudos jurídicos, provava a necessidade desse colégio. Mas o seu argumento decisivo, reproduzindo o ideal ciceroniano do saber como unidade harmônica de várias disciplinas, baseava-se na crença da união de todas as artes, de tal modo que, se fosse retirado o apoio dos *studia humanitatis*, o direito seria totalmente incompreensível[23].

Bodin apresenta dessa maneira uma proposta de reforma educacional vinculada a uma reforma institucional: adaptar o ensino do direito segundo os novos métodos filológicos e históricos preconizados pelo *mos gallicus*; e dotar a cidade de Toulouse de um colégio do qual os alunos pudessem sair com uma sólida cultura literária. Seu discurso idealiza a formação de um jurista perfeito: de um lado, o acadêmico enciclopedista, profundo conhecedor da história, das leis, da filosofia, da retórica, das línguas clássicas e de todas as matérias necessárias à compreensão do direito; de outro, o publicista atuante, participante ativo das discussões sobre o destino de sua comunidade.

Independentemente de sua real intenção, que seria a de receber a indicação para o cargo de diretor desse futuro colégio, Bodin sintetiza no seu discurso sobre a educação os

---

23. Cf. ibid., p. 17 A-B.

principais aspectos do ideário do humanismo jurídico: condenação da literatura jurídica medieval tanto nos elementos externos (vocabulário e estilo) quanto nos internos (interpretação léxica e histórica); reprovação aos ministros de Justiniano, em especial a Triboniano, por ter misturado textos de diferentes períodos da jurisprudência romana e alterado seu sentido no afã de adaptá-los aos costumes do Império Bizantino; defesa da necessidade dos *studia humanitatis* para a compreensão do direito; e crença na possibilidade de recuperar e restaurar o autêntico Direito Romano, anterior à compilação justiniana, a partir dos novos métodos de crítica histórica e filológica.

Terceira lição

Direito universal

O entusiasmo de Bodin com o humanismo jurídico foi mitigado após sua experiência forense. As pesquisas puramente filológicas e históricas pareciam não ter espaço no exercício cotidiano do direito. Além disso, o trabalho de advogado no Parlamento de Paris lhe revelou a dificuldade enfrentada por todo praticante: enquanto nas escolas era ensinado o Direito Romano ou canônico, nos tribunais era aplicado o direito costumeiro, o principal regulador das relações sociais no período medieval, que trazia regras e problemas não abordados nos bancos escolares.

Na carta dedicatória do *Methodus*, escrita durante esse período, Bodin critica duramente a pretensão dos juristas acadêmicos de conhecer o direito sem a sua prática. Ele reconhece o valor de Bartolus e de outros jurisconsultos medievais, por ter adaptado com muita criatividade os textos romanos aos problemas contemporâneos, e ataca os excessos dos estudos exegéticos. Mas mantém a censura ao método dos bartolistas, por não incorporar os conhecimentos filológicos e históricos necessários para a correta compreensão dos textos antigos, como também a crença nos benefícios da cultura literária para os estudos jurídicos. A sua crítica parece assim mais uma advertência contra os exageros de alguns representantes do humanismo jurídico, que caíram num gramaticalismo estéril e numa erudição histórica improdutiva, do que uma condenação geral ao movimento[24].

A restauração do sentido original e a evolução histórica do direito romano não eram as únicas preocupações dos juristas do *mos gallicus*. Havia também a intenção de rearranjar as suas fontes, cuja desordem e confusão tinham sido constatadas pelas pesquisas filológicas e históricas.

As obras de Eguinard Baron, *Pandectarum iuris civilis oeconomia* (1535), e François de Connan, *Commentarii iuris civilis* (1538), ao propor uma nova ordenação para a compilação justiniana, marcaram o início do movimento sistemático do *mos gallicus*, cujo principal objetivo era reavaliar a antiga disposição do Direito Romano e ordená-lo sistematicamente em compêndios panorâmicos que tivessem as suas diversas partes organizadas em torno de princípios gerais.

A premissa básica desse movimento era de que o conteúdo do Direito Romano clássico, isto é, o direito anterior ao trabalho de compilação dos ministros de Justiniano, embora se apresentasse como um amontoado de peças desconexas, dispunha de uma racionalidade intrínseca, faltando apenas ser corretamente ordenado. Contra a exegese casuística dos bartolistas, que obscurecia a estrutura do texto, os juristas do movimento sistemático propunham uma exposição mais bem organizada das leis romanas, de tal modo que reduzisse a sua complexidade a um esquema sintético que espelhasse as relações entre as partes e destas com o todo.

---

24. Cf. BODIN, J. "Methodus ad facilem historiarum cognitionem". *Oeuvres Philosophiques de Jean Bodin*. Paris: PUF, 1951, p. 275 A-276 B.

A inspiração vinha do antigo projeto ciceroniano de *jus in artem redigere*, que propunha expor o direito numa ordem simples, clara e racional. Cícero pretendia introduzir na jurisprudência de sua época noções filosóficas e morais que aprendera com os gregos, dispondo-as numa arte, como já acontecera com a música, a astrologia e a geometria. A intenção era apresentar o direito num sistema ordenado, para que qualquer estudante pudesse ser rapidamente instruído e para que qualquer orador pudesse tê-lo facilmente na memória. Para isso, Cícero propunha tomar certos procedimentos lógicos que ensinavam a pôr os conhecimentos numa determinada ordem e aplicá-los ao direito, agrupando os seus elementos dispersos, classificando-os e submetendo-os a uma disposição predeterminada[25].

Os juristas do movimento sistemático também buscavam, nos procedimentos lógicos de sua época, instrumentos que lhes auxiliassem na ordenação do Direito Romano. De um lado, o praticante necessitava de um instrumento mais simples e funcional, que lhe ajudasse na sua função pública; de outro, o acadêmico precisava de um guia crítico para a seleção e disposição da enorme quantidade de normas de que dispunha. O procedimento dialético passou a ser considerado pelos juristas do *mos gallicus* o mais adequado para atender a essa dupla necessidade, pois podia servir tanto de guia para interpretar a norma positiva quanto de instrumento na construção de sistemas jurídicos mais coesos. A dialética deixou de ser utilizada à maneira dos bartolistas, como instrumento de interpretação analítica da norma positiva, para ser vista como um instrumento capaz de identificar a substância racional da verdade jurídica[26].

---

25. Cf. CICERO, M. *De Oratore* L. I, XLII, p. 94-95.

26. Cf. VASOLI, C. "La dialettica umanistica e la metodologia giuridica nel secolo XVI". *La formazione storica del diritto moderno in Europa.* Vol. I. Firenze: Leo S. Olschki, 1977, p. 253-256.

Mas as frustradas tentativas de sistematização do Direito Romano por parte desses juristas levantaram a suspeita de que não se tratava de um conjunto de normas perfeitas, dotadas de uma racionalidade intrínseca, válidas em todo tempo e lugar. Os estudos históricos e filológicos já haviam demonstrado a incoerência de suas normas e a relatividade de suas instituições, colocando em dúvida a legitimidade de aplicá-las às situações contemporâneas. A imagem de um monumento inatacável, de um sistema jurídico perfeito em sua unidade e coesão, foi sendo assim substituída pela convicção de que se tratava de um direito particular, mutável ao longo do tempo, estabelecido de acordo com circunstâncias específicas, cuja compilação de Justiniano representava apenas o estado de uma época tardia que nem mesmo tinha sido a mais brilhante da jurisprudência romana. Enfim, a sua autoridade encontrava-se abalada. Se ele continuava a ser utilizado na prática jurídica, era mais pelo valor de suas soluções do que por ser considerado o quadro obrigatório do raciocínio jurídico. A busca de um novo referencial tornou-se imprescindível. Exigia-se, no plano prático, uma nova codificação; e, no plano didático, uma nova sistemática.

Bodin tentou suprir essa necessidade com sua exposição da arte jurídica. O seu objetivo era apresentar um quadro sintético das instituições jurídicas, para que qualquer estudante pudesse memorizá-lo e para que todo praticante pudesse tê-lo como referência em seu trabalho forense. Para elaborar esse quadro, procurou reunir as leis de todos os povos ou, pelo menos, dos mais ilustres, classificá-las e compará-las, a fim de descobrir o que havia de comum entre elas. Contrariando aqueles que defendiam a impossibilidade de tratar o direito sistematicamente, já que lidava com objetos particulares e, principalmente, porque era mutável e distinto conforme o lugar e o tempo, Bodin propunha um conjunto de princípios jurídicos de referência universal[27].

O seu trabalho foi inicialmente publicado no formato de um grande diagrama de seis páginas duplas, cada uma medindo 40cm x 180cm, contendo rubricas em divisões sucessivas, sem definições, comentários ou exemplos. Somente na segunda edição, em 1580, as rubricas ganharam definições com sucintos comentários, e o opúsculo recebeu um pequeno prefácio, em forma de carta dedicatória, em que é justificada a demora pela publicação.

O texto dessa segunda edição inicia com a definição de jurisprudência, termo utilizado para designar a disciplina jurídica, a fim de não confundi-la com o próprio direito, isto é, com a coisa justa. A jurisprudência é definida como a arte pela qual se conhece o justo e suas manifestações, ou seja, o que cabe a cada um e sua correta distribuição.

Para Bodin, o justo provém em parte da natureza, em parte dos homens. Por isso, a disciplina jurídica não poderia almejar alcançar a verdade, limitando-se a estabelecer as diferenças entre o útil e o inútil, o honesto e o desonesto. Dos três preceitos tradicionais do Direito Romano – viver honestamente, não lesar a outrem e dar a cada um o que é seu[28] – Bodin considera apenas o último, indicando que a jurisprudência é um saber que não pretende tornar os homens moralmente virtuosos, prescrevendo-lhes condutas, mas apenas fixar e garantir as corretas proporções entre os bens e outras vantagens partilhadas numa comunidade política. Portanto, o objetivo da jurisprudência é promover a ordem e a paz por meio da correta distribuição dos bens entre os membros dessa comunidade.

---

27. SMITH, C. "Jean Bodin and comparative law". *Journal of the History of Ideas*, n. 25, 1964, p. 417-422.

28. Cf. *Digesto* 1,1,12. • *Institutas* 1,1,3.

Para expor a arte que visa atribuir a cada um o seu, Bodin recorre à teoria aristotélica das causas, mas de uma maneira muito particular, praticamente descaracterizando seu sentido original. Transportada da física para o direito, sem qualquer discussão sobre a dificuldade de sua aplicação, é adotada como o critério a partir do qual deve ser disposta a disciplina jurídica. As principais divisões da compilação justiniana – por exemplo, aquela entre pessoas, coisas e ações – e todo material jurídico, resultante do processo comparativo entre as diversas legislações, acaba sendo subordinado às quatro causas: formal, material, eficiente e final.

A forma da jurisprudência é identificada com o próprio direito, definido como um raio de luz dado aos homens pela bondade e previdência divina, para a utilidade da sociedade humana. Numa tradição que pode ser identificada nos diálogos de Platão[29], nas concepções estoicas de Cícero[30] e nos teólogos cristãos[31], o direito é entendido como uma semente inserida na alma humana, dada por Deus como forma de garantir a existência da vida social, e que germina com o desenvolvimento da razão.

Já a matéria da jurisprudência é associada à área de aplicação do direito. Seguindo a divisão de Justiniano e de Gaio, Bodin afirma que essa área, em torno da qual se encontra toda investigação sobre o direito, consiste ou nas pessoas, ou nas coisas, ou nos fatos e ditos das pessoas.

Segundo Bodin, a causa eficiente da jurisprudência conduz as controvérsias e os litígios ao seu termo pelas ações e efeitos das leis. No seu sistema, enquanto a lei e a equidade

---

29. Cf. PLATÃO. *Protágoras*. [s.n.t.], p. 320 e-322d.

30. Cf. CÍCERO. *De Legibus* I. [s.n.t.], p. 22-26.

31. Cf. AGOSTINHO. *A cidade de Deus* XIX. [s.n.t.], p. 21. • TOMÁS DE AQUINO. *Suma Teológica* II, II, questão LVII, art.1. [s.n.t.].

formam o direito, a ação da lei e o ofício do juiz possibilitam sua execução. Por isso, a causa eficiente é dividida na ação da lei e no ofício do juiz.

O fim da jurisprudência é identificado com a instauração da justiça. A justiça, segundo Bodin, dá a cada um o seu, isto é, estabelece a reciprocidade a partir da correta proporção entre as partes. Ao afirmar que a justiça estabelece a reciprocidade, parece que se aproxima da tradição aristotélica, mas, ao relacioná-la às proporções matemáticas, em particular à proporção harmônica, tem-se a impressão de que sua teoria reveste-se do mistério dos números pitagóricos e platônicos.

Bodin explicita diversas vezes sua intenção de se distanciar do Direito Romano, por ser um sistema jurídico particular, intrinsecamente casuístico, construído ao longo dos séculos, que reunia textos heterogêneos e, às vezes, contraditórios. No entanto, a sua exposição assemelha-se aos trabalhos do movimento sistematizador do *mos gallicus* que já haviam exposto a compilação de Justiniano numa outra ordem. Ao longo do opúsculo, o *Corpus iuris civilis* é citado 144 vezes: são 108 referências diretas ao *Digesto*, 32 ao *Código* e 4 às *Institutas*[32].

Como explicar o intenso uso de um sistema jurídico do qual desejava afastar-se? A hipótese mais plausível é que Bodin encontrou, nos fragmentos da jurisprudência romana, não a *ratio scripta* nem o *ius* por excelência, mas a estrutura e os princípios jurídicos mais próximos de um direito considerado universal, isto é, comum a todos os povos. Por isso, depois de um trabalho comparativo em que pôde constatar sua presença em diversas legislações, passou

---

32. Cf. DUCOS, M. "Le tableau du droit universel de Jean Bodin et la tradition romaine". *Bulletin de l'Association Guillaume Budé,* 1987, p. 49-61.

a utilizar sua estrutura e seus princípios como critérios de organização do vasto material jurídico de que dispunha. O Direito Romano não era mais identificado com aquele *ius commune*, referência obrigatória do raciocínio jurídico, a ser aplicado em todas as circunstâncias, mas o elemento ordenador do material jurídico encontrado por meio desse processo comparativo[33].

Bodin pretende assim apresentar um novo direito comum, que não se impõe de antemão aos demais ordenamentos jurídicos particulares, mas que surge de um processo comparativo desses ordenamentos, adquirindo a característica de universal justamente porque sua presença pôde ser constatada nas mais diversas legislações dos mais diferentes povos[34].

Na verdade, seu opúsculo marcou o fim do processo de rompimento com a autoridade do Direito Romano. O procedimento comparativo abalou definitivamente a crença de que se tratava de um sistema coerente, constituído de leis perfeitas e de validade universal, ao colocá-lo no mesmo nível de outras legislações particulares de aplicação restrita. Não se tratava mais de interpretá-lo, de buscar o sentido original de seus termos, de encontrar seus verdadeiros preceitos, de sistematizá-lo numa outra ordem, mas simplesmente de extrair de suas normas apenas o que tinha validade universal. O Direito Romano passou a ser considerado, pelo menos em teoria, um elemento entre tantos outros, talvez o mais importante, na construção desse direito universal. Se sua presença ainda era marcante, era por causa do valor

---

[33]. Cf. FRANKLIN, J. *Jean Bodin and the sixteenth-century revolution in the methodology of law and history.* Nova York: CUP, 1963, p. 59-79.

[34]. Cf. BASDEVANT, J. "La contribution de Jean Bodin à la formation du droit international moderne". *Revue Historique du Droit Français et Etranger*, n. 23, 1944, p. 143-178.

de suas soluções e de seus princípios, que podiam ser encontrados também nas legislações de outros povos. Bodin não o considerava mais como um ordenamento insuperável que deveria ser compreendido ou organizado, mas mantere apenas aquilo que estava de acordo com as demais legislações e era suscetível de aprovação geral. Ao encontrar esse núcleo comum, fruto do processo comparativo, ele o apresentou como um sistema de princípios jurídicos, atribuindo-lhe a ambiciosa qualificação de universal.

Quarta lição

História e Direito

No trabalho comparativo realizado por Bodin, a história adquiriu um papel preponderante: primeiro, porque possibilitava o conhecimento dos diversos ordenamentos jurídicos dos mais variados povos; e depois, porque revelava a razão dos ordenamentos jurídicos desses povos e seus fundamentos sociais e políticos[35].

Até o século XIV, a história era considerada uma disciplina auxiliar, responsável por fornecer modelos literários, exemplos morais e precedentes legais. Embora fosse muitas vezes colocada a serviço de uma ciência prática, especialmente a política, não era vista como uma *scientia*, pois lhe faltava disposição metódica; e ainda que, em termos de estilo e propósito, mantivesse uma estreita relação com a retórica e a gramática, não era qualificada entre as artes liberais. Por conseguinte, não tinha um lugar entre as disciplinas ensinadas nas escolas, nem havia historiadores profissionais, assim como havia advogados ou gramáticos.

O seu processo de valorização iniciou-se com sua inclusão entre os *studia humanitatis* e consolidou-se com a atitude filológica adotada pelos humanistas italianos e juristas do *mos gallicus*. Para reconhecer os erros e neologismos que

---

35. Cf. VASOLI, C. "Jean Bodin, il problema cinquecentesco della 'Methodus' e la sua applicazione alla conoscenza storica". *Filosofia*, fasc. II, 1970, p. 137-172.

os compiladores de Justiniano introduziram na adaptação da jurisprudência romana, era necessário identificar as mudanças de sentido dos termos ao longo do tempo. O trabalho filológico exigia um apurado senso histórico.

Não demorou muito para a história adquirir autonomia e ganhar uma proeminência até então desconhecida. Contrariando a tradição aristotélica, Valla afirmava que a história era superior à filosofia e à poesia porque se apoiava sobre a verdade literal e concreta. Alciat sustentava que se tratava da *certissima philosophia*, sendo superior a todas as outras disciplinas, inclusive ao direito. A sua supremacia estava fundamentada no seu caráter pragmático: os relatos do passado traziam um conjunto de experiências e princípios que podiam servir como regra e modelo para a vida moral e civil. O valor maior da história estava nessa possibilidade de tirar ensinamentos do passado, estimulando as novas gerações a imitar os grandes feitos dos antepassados, a desejar igualar-se em fama e glória a seus ancestrais.

A ênfase nesse caráter pedagógico explica por que as *artes historicae* relacionavam-se inicialmente com a maneira de escrever a história. Colocada entre as outras artes do discurso – a retórica e a poética –, a principal preocupação era com as regras do relato, não em razão do conhecimento exato dos acontecimentos passados, e sim pelas lições que se poderiam tirar deles. A atividade historiográfica servia não apenas para reconstruir os fatos passados, mas também para selecionar e organizar os mais dignos de registro, capazes de guiar a ação futura[36].

A abundância de material histórico, resultado da intensa atividade historiográfica da primeira metade do século XVI, teve como consequência a reflexão sobre o objeto histórico.

---

36. Cf. GARIN, E. "Il concetto della storia nel pensiero del Rinascimento". *Rivista Critica di Storia Della Filosofia*, fasc. II, 1951, p. 108-118.

Crescia cada vez mais o interesse por problemas históricos, que se manifestou inicialmente na elaboração de determinados critérios de leitura. Surgiram então tratados que tinham como principal preocupação proporcionar uma leitura mais agradável e eficaz da história. As regras do relato deram lugar às regras de classificação das opiniões dos historiadores, e a preocupação com o valor literário foi sendo substituída pelo cuidado com o modo de selecionar e organizar as informações históricas[37].

O *Methodus* de Bodin é um dos exemplos mais significativos dessa transição das *artes historicae*. Seu propósito, como fica claro no prefácio, não é a busca pela melhor maneira de relatar os fatos notáveis do passado, mas a constituição de uma arte de leitura, de uma técnica de aquisição, memorização e crítica dos relatos históricos[38].

Depois de dividir a história em humana, natural e divina, conforme o objeto dos relatos sejam as ações humanas, as causas operantes na natureza ou as manifestações divinas, Bodin deixa a história divina aos teólogos, a história natural aos filósofos, e volta-se inteiramente para a história humana, a mais acessível das três, por onde deve começar essa arte da leitura.

As imagens ciceronianas da história como testemunha do tempo decorrido, luz da verdade, memória viva e mensageira do passado permanecem no *Methodus*[39]. A mais contundente e a mais utilizada, bastante popular na época, é a de mestra da vida, cuja principal função seria ensinar o amor à virtude e o desprezo ao vício. Sem o seu auxílio, reconhece

---

37. Cf. DUBOIS, C. *La conception de l'histoire en France au XVIe iècle.* Paris: Nizet, 1977, p. 7-23.

38. BODIN, J. "Methodus ad facilem historiarum cognitionem". Op. cit., p. 280 A.

39. Cf . CÍCERO. *De Oratore* II, IX, p. 167.

Bodin, a filosofia já teria deixado de ser o guia da vida, uma vez que somente a partir dos relatos históricos é possível procurar o bem e fugir do mal[40].

Bodin continua também ressaltando o proveito, a facilidade e o prazer que se tem com essa disciplina: proveito porque todos os conhecimentos que os antigos descobriram depois de uma longa experiência encontram-se sintetizados nos livros de história; facilidade, porque seu estudo não depende de conhecimentos especiais nem do auxílio de outras disciplinas, sendo acessível a todos; e prazer, porque não há nada mais agradável do que conhecer e contemplar as ações das gerações passadas[41].

Mas a história só poderia dar sua contribuição, segundo Bodin, tornando-se realmente útil, se seus relatos estivessem acessíveis, e não da maneira como se encontravam desorganizados. Era preciso classificá-los e ordená-los, para que pudessem ser posteriormente expostos. Bodin propõe então um modo de classificação em que temas essenciais, depois de sistematicamente definidos, são colocados sob determinadas rubricas, para que possam posteriormente ser confrontados e selecionados. *Ordo* e *dispositio*, procedimentos típicos da retórica, são considerados instrumentos metodológicos fundamentais na leitura da história. Como a coerência buscada por Bodin depende de uma correta ordenação, é possível compreender as numerosas classificações encontradas no decorrer da obra. Através delas, é procurado um nexo entre os elementos aparentemente esparsos, a fim de alcançar uma visão de conjunto, sintética e ordenada da história[42].

---

40. Cf. BODIN, J. "Methodus ad facilem historiarum cognitionem" Op. cit., p. 278 A.

41. Cf. ibid., p. 279 A- B.

42. Cf. ibid., p. 286 B.

O principal objetivo do *Methodus* é preparar o leitor para caminhar no labirinto formado pelos relatos históricos, auxiliando-o a enfrentar a confusão e a pluralidade que imperavam numa massa de informações, muitas vezes desconexas e contraditórias. O texto sugere assim um programa a ser seguido por aqueles que se interessam pela história e necessitam do seu material. Propõe a ensinar, como é ressaltado várias vezes, como recolher as flores e os frutos mais doces de seus relatos[43].

As flores e os frutos que Bodin deseja recolher são as informações necessárias a respeito dos ordenamentos jurídicos dos mais diversos povos, para poder daí extrair, por meio do processo comparativo, os princípios comuns existentes entre esses ordenamentos[44].

A associação entre direito e história era um lugar-comum entre os contemporâneos de Bodin. Depois do *Livri de historia iuris civilis* (1513) de Aymar Rivail, talvez o primeiro tratado a trazer em seu título a expressão história do direito, surgiu uma série de edições críticas do *Corpus iuris civilis*, cuja principal intenção era reconstruir a ordem original dos textos jurídicos romanos, associando-os à história de Roma. Mas, se já havia historiadores que utilizavam materiais legais em suas narrativas e juristas que recorriam aos relatos históricos, não havia ainda a intenção de mostrar que a verdadeira matéria da história encontrava-se nas instituições jurídicas que, por sua vez, só podiam ser plenamente compreendidas no seu desenvolvimento histórico[45].

---

43. Cf. ibid., p. 273 A.

44. Cf. ibid., p. 276 B.

45. Cf. ORESTANO, R. "Diritto e storia nel pensiero giuridico del secolo XVI". *La Storia del Diritto nel Quadro della Scienza Storiche*, vol. I, 1966, p. 389-415.

Um dos principais precursores dessa associação entre história e direito foi François Baudouin. Nos seus primeiros textos, ele propunha a substituição dos currículos das escolas de direito, que não preparavam adequadamente os futuros juristas para os negócios públicos, por um programa centrado no estudo da história, mais precisamente da história integral, que considerava os fatos a partir dos mais diversos aspectos – político, religioso, militar e cultural – e que não se limitava a épocas, lugares e civilizações privilegiados, mas se preocupava com o surgimento e desenvolvimento de todos os povos ou, pelo menos, dos mais importantes.

A sua noção de história integral inspirava-se claramente na ideia polibiana de história universal: uma sucessão ordenada e conexa de acontecimentos ligados numa unidade orgânica, indivisível, como um *corpus*. Também chamada de perfeita, de universal ou de perpétua, a história integral não representava apenas uma agregação de relatos particulares numa ordem cronológica, mas uma visão sintética e sincronizada de toda a história da humanidade, alcançada através do auxílio das técnicas do humanismo enciclopédico[46].

Na segunda parte de *De institutione historiae universae et de eius cum iurisprudentia coniunctione* (1561), Baudouin considerava a história como um elemento indispensável à compreensão do direito, uma vez que somente por meio de suas informações seria possível determinar o sentido original e o desenvolvimento cronológico das instituições jurídicas. Para ele, o melhor método de interpretação das leis era a história das constituições políticas, que possibilitava a compreensão de seus fundamentos econômicos, sociais e culturais. Baudouin defendia assim a necessidade de estudar as instituições e os conceitos jurídicos dentro de seu contex-

---

46. Cf. KELLEY, D. "Historia integra: Baudouin and his conception of history". *Journal of the History of Ideas,* vol. 25, 1964, p. 37-57.

to histórico, para que pudessem ser melhor compreendidos e adaptados às necessidades contemporâneas[47].

Mas foi, sem dúvida, no *Methodus* que a associação entre direito e história adquiriu contornos mais precisos: se o direito surgia da vivência histórica dos povos e alterava-se com as mudanças sociais e políticas, o seu estudo tinha de ser necessariamente concomitante com o estudo da história; e a história só adquiria valor se fosse possível descobrir, por meio de seus relatos, o sentido das normas e das instituições jurídicas dos mais diversos povos. Enfim, nessa obra de Bodin encontra-se uma visão do fenômeno jurídico na história, ou melhor, uma reflexão sobre a historicidade do direito e sobre a participação do direito na história[48].

---

47. Cf. BAUDOUIN, J. *De institutione historiae universae et de eius cum iurisprudentia coniunctione.* [s.n.t.], p. 1.499ss.

48. Cf. COTROENO, G. *Jean Bodin:* teorico della storia. Nápolis: Scientifiche Italiane, 1966, p. 118-121.

Quinta Lição

A República

No início do capítulo VI do *Methodus,* dedicado às constituições das principais Repúblicas[49], Bodin defende a necessidade de fazer uma revisão das categorias jurídicas e políticas herdadas da Antiguidade, em especial as definições aristotélicas de República, magistrado, cidadão, adaptando-as à realidade do seu tempo[50].

Depois de criticá-las por serem muito particulares, ele redefine República como "*o conjunto de várias famílias ou colégios submetidos a uma só e mesma autoridade*"[51]. A definição proposta não parece se distanciar muito da tradição clássica, que considerava a comunidade política uma instituição natural, formada a partir de grupos sociais mais elementares[52].

---

49. Embora o termo Estado já fosse utilizado por alguns autores do Renascimento para designar a sociedade política organizada, Bodin continua a empregar o termo República, realçado pela cultura humanista de sua época e pelo uso do latim clássico.

50. Cf. WEBER, H. "Utilisation et critique de la Politique d'Aristote dans la République de Bodin". *Classical Influences on European Culture.* [s.l.]: [s.e.], 1976, p. 305-313.

51. Cf. BODIN, J. "Methodus ad facilem historiarum cognitionem". Op. cit., p. 351 B.

52. Cf. ARISTÓTELES. *Política.* [s.n.t.], p. 1.252a-1.253a.

No entanto, o que determina a existência da comunidade política, e esta é a principal diferença trazida pela nova definição, é que esses grupos devem estar submetidos a uma única autoridade. Bodin acredita que sua definição seja mais precisa do que a dos antigos, porque não indica apenas a finalidade da República, mas procura identificar o seu princípio e a sua natureza. Ela também lhe parece mais ampla, porque se aplica a qualquer comunidade política que esteja submetida a uma mesma autoridade[53].

No início da *République,* ao enunciar os elementos que compõem a comunidade política e sua disposição, a definição ganha maior precisão: *"República é o reto governo de várias famílias, do que lhes é comum, com poder soberano"*[54].

O primeiro elemento – reto governo – traz a noção de justiça. O justo governo diferencia para Bodin a República de um bando de ladrões e piratas com os quais não se pode manter relações de comércio nem estabelecer tratados de amizade, já que estes não respeitam os acordos realizados[55]. O eco da tese agostiniana de que sem a presença da justiça todo reino não passa de uma grande pirataria é mais do que evidente[56].

A noção de justiça é duplamente útil para Bodin. Em primeiro lugar, as ações do governo deixam de ter significação política, reduzindo-se ao mero emprego da força, se não estiverem pautadas pela justiça; e qualquer tipo de relação jurídica com aqueles que só respeitam a força tor-

---

53. Cf. BODIN, J. "Methodus ad facilem historiarum cognitionem". Op. cit., p. 357 A.

54. Cf. BODIN, J. *Les six livres de la République.* L. I. Paris: Fayard, 1986, c. 1, p. 27.

55. Cf. ibid., p. 28.

56. Cf. AGOSTINHO. *A cidade de Deus.* Op. cit., p. IV, 4.

na-se impraticável. Depois, na medida em que o governante realiza a justiça na comunidade política, o seu poder reveste-se de legitimidade.

O segundo elemento da definição é a família, entendida como a origem e o modelo natural e concreto da República. Ela é analisada por Bodin como a parte constitutiva e indispensável na formação das Repúblicas, o elemento a partir do qual a comunidade política é formada e sem o qual não tem existência[57].

Numa perspectiva menos jurídica e mais sociológica, Bodin descreve sucintamente o surgimento das Repúblicas como o resultado de um processo de associação natural de várias famílias. Para ele, uma série de acontecimentos provocados pela violência natural do ser humano instaurou sucessivos confrontos entre famílias rivais, cujo estado de equilíbrio só teria sido alcançado quando uma das partes reconheceu a derrota, assumindo seu lugar na estrutura social. A liberdade natural de cada um em viver sem constrangimentos, isto é, no exercício do pleno comando sobre si mesmo, foi então transformada em servidão ou diminuída pelo reconhecimento da existência de um poder superior, instaurado a partir do resultado dos combates. No ajustamento das forças em conflito encontra-se assim o fundamento da obediência, que reside no constrangimento exercido numa situação de dominação[58].

Nesse sentido, torna-se compreensível por que o cidadão é definido como o súdito livre, dependente da soberania de outrem. Na formação da comunidade política, ele fez parte do grupo de vencedores e, por conseguinte, manteve-se

---

57. Cf. BODIN, J. *Les six livres de la République*. Op. cit., c. 1, p.27 e c. 2, p. 39.

58. Cf. ibid., c. 6, p. 112.

livre. A vitória, entretanto, o submeteu a um comando. Sua liberdade natural foi diminuída pela obediência a este que se tornou seu soberano, enquanto ele se viu na condição de súdito. Sendo um súdito livre, o cidadão diferencia-se tanto do escravo, que não dispõe da liberdade nem possui quaisquer direitos, quanto do estrangeiro, que não tem os mesmos direitos e privilégios de cidadania[59].

Ao conceber a origem das Repúblicas no agrupamento natural de várias famílias, Bodin se distancia tanto das tradicionais concepções utópicas, que não estabeleciam um vínculo estreito com o terreno real e concreto da vida social, quanto do modelo posteriormente utilizado pelos jusnaturalistas modernos, que explica o surgimento da vida política a partir de um contrato estabelecido entre indivíduos livres e iguais. O Estado não é pensado como um ideal a ser normatizado nem como uma instituição artificial, criada pela razão humana para escapar daquela inevitável situação de guerra provocada pela condição natural dos homens, mas como uma comunidade natural daqueles que passam a se submeter a um poder soberano.

Na estrutura familiar, Bodin identifica também relações naturais e bem definidas de mando e obediência, capazes de revelar a natureza da autoridade. A primeira relação é o poder de comando do marido sobre a esposa, que se encontra formalizado em legislações dos mais diferentes povos[60]. A segunda é aquela do pai sobre o filho, cuja razão de ser está fundamentada na própria natureza das coisas e teria sido estabelecido pela vontade divina[61]. O terceiro tipo de comando identificado na estrutura familiar é o do senhor sobre seus

---

59. Cf. ibid., p. 113-141.

60. Cf. ibid., c. 3, p. 62.

61. Cf. ibid., c. 4, p. 63-82.

servos e escravos, consagrado nos mais diversos ordenamentos jurídicos[62].

Esses vínculos familiares provam para Bodin que a relação de mando e obediência é inerente à condição humana. O homem não só a experimenta em si mesmo, quando a razão subjuga os apetites, como a vivencia em todos os grupos sociais de que faz parte. Assim, não se pode falar em agrupamento social sem considerar a existência dessa relação, que está presente em todas as comunidades de que o homem participa[63].

O poder doméstico revela também para Bodin a necessidade da unidade de comando. Se a família tiver mais de um chefe, com várias vozes de comandantes, a desordem será inevitável, pois não se saberá a qual deles obedecer. Do mesmo modo, qualquer grupo social que tenha mais de um dirigente perderá a unidade, tão indispensável à manutenção da ordem[64].

Embora semelhantes, os poderes doméstico e soberano não são apresentados como idênticos. O comando do chefe de família, por mais absoluto que seja, restringe-se ao âmbito da casa, refere-se aos membros e às posses da família, não é público. Ele é apenas um modelo para o poder do soberano, como a obediência doméstica é um exemplo para os súditos[65].

A existência de algo em comum entre as várias famílias introduz o terceiro elemento da definição. Para a constituição de uma República não basta a associação de várias famílias.

---

62. Cf. ibid., c. 5, p. 85-110.

63. Cf. ibid., c. 3, p. 51.

64. Cf. ibid., c. 3, p. 53-54.

65. Cf. ibid., c. 6, p. 110.

Elas devem necessariamente partilhar algo. Seria uma contradição entre os termos, argumenta Bodin, não haver algo de comum ou de público numa *res publica*[66].

A vida comunitária, no entanto, deve ter limites bem definidos. O ideal do tipo platônico da propriedade coletiva é severamente criticado. Alguns argumentos aristotélicos são reproduzidos: o sistema coletivo não cria a afeição necessária às coisas, pois aquilo que se torna comum passa a ser amado com menos intensidade; gera sentimentos de inveja e de ódio, que são as principais fontes das sedições e das guerras civis; provoca a morte da harmonia, existente em função da diversidade[67]. Outros argumentos vêm da tradição cristã, como o fato de ele ser contrário às leis divinas e humanas que condenam os incestos, adultérios e parricídios, inevitáveis em tal sistema comunitário. Mas o argumento mais decisivo é que a total comunidade dos bens é incompatível com o direito de propriedade das famílias, que se encontra no fundamento da República. A condição vital para a existência da família é a propriedade particular. Se ela desaparecer, a família também deixará de existir e, consequentemente, a República. Assim, para que exista a coisa pública, é necessário que cada família tenha algo de particular, cuja conservação torna-se a própria preservação do público.

Como observador atento à estrutura social, Bodin não deixa de considerar as comunidades intermediárias entre as famílias e a República, principalmente aquelas que desempenhavam uma relevante função de comunicação entre os diversos níveis hierárquicos da monarquia francesa: os corpos e colégios.

---

[66]. Cf. ibid., c. 2, p. 43.

[67]. Cf. ARISTÓTELES. *Política* II. [s.n.t.], p. 1.261 b-d; 1.262 a-e.

Os colégios são definidos como comunidades civis que se diferenciam das famílias por terem sido instituídas artificialmente. Os corpos, por sua vez, como instituições que englobam vários colégios e/ou várias famílias[68]. Essas comunidades intermediárias foram criadas como resposta às necessidades da vida social, agrupando pessoas com o mesmo interesse ou preocupação. Nelas, para Bodin, os homens adquirem e experimentam o amor fraterno. Elas são, desse modo, uma etapa indispensável para a vida pública, ao preparar o futuro cidadão para a colaboração social, dando-lhe a dimensão da amizade, sem a qual não é possível a vida em sociedade[69].

A união das famílias e/ou dos corpos e colégios com aquilo que há de comum entre eles é condição necessária, mas ainda não suficiente para que exista uma República. É preciso, segundo Bodin, que eles estejam submetidos a uma única e mesma autoridade. O quarto elemento da definição – com poder soberano – impõe a soberania como condição indispensável à existência de uma comunidade política, uma vez que só ela é capaz de assegurar ao agrupamento social a sua necessária coesão[70].

---

[68]. Cf. BODIN, J. *Les six livres de la République*. Op. cit. L. III, c. 7, p. 174.

[69]. Cf. ibid., c. 7, p. 177-201.

[70]. Cf. ibid., L. I, c. 2, p. 43.

Sexta lição

Soberania

A primeira referência à noção de soberania na obra de Bodin encontra-se no capítulo III do *Methodus*, quando é apresentado um amplo quadro das ações humanas. Inicialmente as ações humanas são classificadas em quatro grupos, de acordo com o tipo de necessidade que procuram satisfazer: aquelas ligadas ao instinto de sobrevivência, que visam conservar e proteger a vida; aquelas relacionadas à organização da vida social, que asseguram o bem-estar material; aquelas que têm o objetivo de estabelecer uma civilização mais brilhante; e, finalmente, aquelas dirigidas para a satisfação dos sentidos ou do espírito. Todas essas ações são consideradas possíveis apenas numa República[71].

Ao tratar da estrutura da República, Bodin reconhece a existência de três normas: a lei moral, que o indivíduo aplica a si mesmo; a lei doméstica, que rege o âmbito familiar; e a lei civil, que regula as relações entre as várias famílias. Entre essas três normas, responsáveis pela ordenação e conservação da vida social, a lei civil é considerada a mais importante, por ser a norma suprema em matéria de prescrição ou proibição[72].

---

71. Cf. BODIN, J. "Methodus ad facilem historiarum cognitionem". Op. cit., p. 288 A.

72. Cf. ibid., p. 288 B- 89A.

A lei civil, por sua vez, é dividida em três partes: o comando (*imperium*), a deliberação (*consilium*) e a sanção (*executio*). O comando supremo (*summum imperium*), do qual as outras partes da lei derivam, se manifesta de inúmeras maneiras para Bodin, mas principalmente na criação de magistraturas e na atribuição de suas funções; na promulgação e revogação das leis; na declaração da guerra e no estabelecimento da paz; e na atribuição de penas e recompensas[73].

No capítulo VI, é acrescentada também a ação de julgar em última instância como própria do comando supremo. Nessas ações exclusivas do *summun imperium*, Bodin identifica as verdadeiras marcas da soberania, isto é, os direitos que possibilitam ao seu detentor comandar a comunidade política[74].

Mas ainda não é apresentada, no *Methodus*, uma definição clara e precisa. Ela só vai aparecer no início do capítulo oitavo do primeiro livro da *République*, quando é dito de maneira explícita: "*A soberania é o poder perpétuo e absoluto de uma República*"[75].

Destaca-se inicialmente nessa definição o caráter público desse poder: a soberania pertence à República. Se ela é assumida por uma ou mais pessoas não pode ser considerada como sua propriedade. Trata-se sempre de um poder público.

O adjetivo perpétuo indica a continuidade que esse poder deve ter ao longo do tempo. Se tiver uma restrição cronológica, não é soberano. Para Bodin, aquele que assu-

---

73. Cf. ibid., p. 289 A.

74. Cf. ibid., p. 359 B.

75. Cf. BODIN, J. *Les six livres de la République*. Op. cit. L. I, c. 8, p. 179.

me um poder, mesmo que seja absoluto, por certo tempo, não pode ser considerado soberano, pois não o exerce na condição de possuidor, mas de simples depositário, tendo somente uma posse precária. Tal era a situação dos Arcontes atenienses, dos Ditadores romanos, dos Regentes e de todos que exerceram ou exercem o poder em nome de outrem. Assim, só pode ser considerado soberano o detentor de um poder que não sofra restrições no curso do tempo; caso contrário, é apenas um oficial, um regente ou um lugar-tenente[76].

Na verdade, ecoando a tese dos juristas medievais de que a dignidade real nunca morre, porque está ligada ao corpo espiritual do rei[77], Bodin pretende transportar a perpetuidade da realeza para a República. O principal objetivo era afirmar o princípio de continuidade temporal do poder público.

O adjetivo absoluto indica que o poder para ser soberano deve ter certas características: ser incondicional, desvinculado de qualquer obrigação; ser independente, não sujeito ou subordinado a outro poder; e ser supremo, não submetido ou numa posição de igualdade em relação a outros poderes. Numa sociedade política, ter poder absoluto significa, para Bodin, estar livre e acima das leis civis[78].

A justificativa de tal prerrogativa é feita a partir do fragmento de Ulpiano, segundo o qual o príncipe deve

---

[76]. Cf. ibid., c. 8, p. 180-186.

[77]. Cf. KANTOROWICZ, E. *Os dois corpos do rei* – Um estudo sobre teologia política medieval. São Paulo: Companhia das Letras, 1998, p. 193-272.

[78]. Cf. BODIN, J. *Les six livres de la République*. Op. cit. L.I, c. 8, p. 187-193.

[79]. Cf. *Digesto* 1,3,31.

estar acima das leis[79]. Mas essa interpretação da máxima *princeps legibus solutus est* não correspondia às pesquisas filológicas dos humanistas, que já haviam revelado que esse princípio tinha sido enunciado de maneira bastante restrita, num comentário às leis que regulavam a sucessão testamentária – *lex Iulia et Papia* – estabelecidas pelo Imperador Augusto, em 18 a.C. e 9 a.C. Ela também não correspondia aos comentários dos juristas medievais, que não associavam esse fragmento à atividade legisladora do imperador, mas o interpretavam no sentido de que o imperador não podia estar submetido a nenhuma coerção legal, uma vez que não existiria magistratura que o obrigasse a cumprir a lei. A interpretação de Bodin se aproxima mais dos comentários de alguns legistas franceses, para quem a máxima de Ulpiano não se limitava apenas ao direito privado, sendo válida para todas as leis civis.

O soberano deve estar livre das leis que estabeleceu, segundo Bodin, porque ninguém pode se obrigar a si mesmo. Ele também deve estar livre das leis que foram estabelecidas pelos seus predecessores, porque, se fosse obrigado a cumpri-las, o seu poder estaria submetido a uma vontade alheia. Assim, o soberano deve ter o poder de criar, corrigir e anular as leis de acordo unicamente com sua vontade. Como a lei imposta por Deus à natureza tem seu fundamento na livre vontade divina, a lei civil, embora possa estar fundamentada em boas razões, retira sua força e autoridade por ser a expressão da vontade do soberano[80].

O poder absoluto de Deus sobre a natureza é utilizado como modelo nas relações entre o soberano e as leis civis. Se não há uma transposição direta dos atributos que inte-

---

80. Cf. BODIN, J. *Les six livres de la République*. Op. cit. L. I. c. 8, p. 192.

gram a supremacia divina para o terreno político, é possível constatar-se frequentemente o uso de esquemas teológicos para caracterizar o poder soberano e sua relação com as leis civis.

Portanto, aquilo que identifica o detentor da soberania para Bodin é o poder de legislar sem necessidade do consentimento ou da permissão de alguém: "*O ponto principal da majestade soberana e poder absoluto é dar a lei aos súditos em geral sem seu consentimento [...] pois é necessário que o príncipe soberano tenha as leis em seu poder para as alterar e corrigir segundo a ocorrência dos casos, do mesmo modo que o piloto deve ter em suas mãos o governo para conduzir a nave, caso contrário ela estará em perigo*"[81].

O poder de legislar é apresentado como o primeiro e mais importante direito da soberania, porque todos os demais direitos – declarar a guerra e tratar a paz, instituir os principais oficiais, estabelecer o peso e o valor das moedas, impor taxas e impostos ou isenções, ser a última palavra em qualquer assunto, outorgar vantagens, exceções e imunidades a quem desejar etc. – são derivados desse poder de dar a lei a todos e não recebê-la de ninguém[82].

Esses direitos da soberania são considerados indivisíveis e inalienáveis. O principal argumento é que, se eles forem partilhados, a unidade de comando desaparece, o conflito se instaura e o resultado é um estado de anarquia. Bodin admite que, em algumas circunstâncias, eles podem ser exercidos por diferentes magistrados, desde que isto não implique uma transferência definitiva. Por exemplo, o

---

[81]. Cf. ibid., c. 8, p. 204.

[82]. Cf. ibid., c. 10, p. 306-309.

soberano pode encarregar magistrados de competência reconhecida para a elaboração de propostas legais, que só se tornam leis, no entanto, depois de homologadas pelo soberano, uma vez que adquirem força apenas quando expressam a sua livre vontade[83].

---

83. Cf. ibid., p. 298-300.

Sétima lição

Limites do poder soberano

Apesar de a soberania ter sido definida como poder perpétuo e absoluto, Bodin considera que o seu detentor não dispõe de um poder arbitrário sem limites: *"Se nós dissermos que tem poder absoluto quem não está sujeito às leis, não encontraremos no mundo príncipe soberano, visto que todos os príncipes da Terra estão sujeitos às leis de Deus e da natureza e a certas leis humanas comuns a todos os povos"*[84].

Esses limites, no entanto, não são inteiramente elucidados. Não há, por exemplo, uma definição precisa das leis de Deus e da natureza ou dessas leis comuns a todos os povos, nem mesmo uma explicitação clara de seus enunciados.

As leis divinas são apresentadas como leis eternas e imutáveis que manifestam ao mesmo tempo a sabedoria e a vontade de Deus, sendo responsáveis pela existência e conservação de todas as coisas. Elas são muitas vezes associadas à lei revelada nas Sagradas Escrituras, mais especificamente à lei mosaica, que expressa a vontade divina e intervém nos mais diversos aspectos da vida social e política[85].

---

[84]. Cf. ibid., c. 8, p. 190.

[85]. Cf. ibid., p. 228.

Já as leis naturais aparecem quase sempre ligadas às leis divinas, às vezes pela conjunção *ou*, às vezes pela conjunção *e*, marcando ora alternância, ora equivalência. Tomadas praticamente como sinônimas, parecem se distinguir apenas pela maneira de se manifestar: enquanto a lei divina é conhecida por meio da revelação, a lei natural se impõe à razão pela equidade que carrega.

Ambas expressam assim a vontade divina, diante da qual o soberano está sujeito como súdito de Deus. Se o soberano encontra-se isento das leis civis, que provêm de sua vontade, o mesmo não acontece diante das leis divinas e naturais, que ultrapassam e sustentam o seu poder[86].

Ora, os limites estabelecidos pelas leis divinas e naturais não deveriam ser entendidos como somente restrições morais que dependem da consciência do soberano para serem respeitados? De fato, entre o poder do soberano e a obediência às leis divinas e naturais não se encontra alguém capaz de exigir seu cumprimento. Ninguém pode obrigar o soberano a respeitá-las.

No entanto, se elas não são dotadas de eficácia legal, pois não exercem coerção jurídica sobre o soberano, não parecem ser meramente restrições morais. Bodin adverte várias vezes para as consequências práticas de seu desprezo, como a perda do título e da honra para o soberano[87]. Elas chegam a adquirir um conteúdo concreto, quando se encontram declaradas na legislação positiva. Quando isto acontece, de acordo com Bodin, o soberano está obrigado a respeitá-las, não por serem normas do ordenamento jurídico, mas por serem determinações divinas[88].

---

86. Cf. ibid., p. 192-193.

87. Cf. ibid., L. III, c. 4, p. 97.

88. Cf. ibid., L. I, c. 8, p. 215.

As leis de Deus e da natureza adquirem um conteúdo ainda mais específico em dois casos: na obrigatoriedade dos contratos e na inviolabilidade da propriedade privada.

A necessidade do cumprimento dos contratos é discutida a partir da análise do juramento de coroação dos monarcas franceses, quando prometem preservar e respeitar as leis do reino. Bodin sustenta que se tal compromisso for assumido diante de outro soberano ou perante seus súditos, o novo monarca fica obrigado a cumpri-lo, mesmo que não lhe seja favorável, como qualquer outro particular diante de suas promessas. Diferente da lei, que é um ato unilateral fundado na livre vontade do soberano, o contrato obriga as partes contratantes a cumprir suas promessas, mesmo que uma delas seja o próprio soberano. Bodin argumenta que, se até mesmo Deus está obrigado a cumprir suas promessas, o soberano não pode desrespeitar esse princípio baseado na equidade natural[89].

A obrigação de cumprir os contratos também está fundamentada na necessidade do soberano manter a fé dos seus súditos. A palavra do soberano, para Bodin, deve ser uma espécie de oráculo para seus súditos, pois ela é o alicerce sobre o qual está assentada toda confiança no poder público. Se o soberano, que deve garantir o cumprimento dos contratos na República, violar sua palavra, qual segurança terão os súditos de que os contratos estabelecidos entre eles serão respeitados? O soberano deve ser assim um exemplo para seus súditos, mantendo sempre a sua palavra[90].

Seguindo a tradição processual, Bodin lembra que a obrigação contratual cessa somente em duas situações: quando as partes deixam de ter interesse no cumprimento

---

89. Cf. ibid., p. 193-195.

90. Cf. ibid., p. 218.

do contrato; ou quando as promessas realizadas se tornam injustas ou sem sentido e uma das partes se sente lesada. El admite que muitas vezes o soberano está obrigado, pelas forças das circunstâncias, a selar acordos e tratados que trazem cláusulas iníquas ou irrealizáveis; e que as leis que promete respeitar podem tornar-se um empecilho para a administração da justiça. Nos dois casos, reconhece que o soberano pode deixar de cumprir seu juramento. O argumento principal é que se estiver em perigo a manutenção da ordem e d segurança pública, razão de ser da promessa do soberano em respeitar as leis e os costumes do reino, a obrigação cessa o soberano fica livre para agir de acordo com a necessidade Afinal, o cumprimento dos juramentos realizados depende em última instância, da manutenção da justiça, materializad na noção de bem público[91].

As leis divinas e naturais têm também um conteúdo especificado na proibição de se apossar dos bens alheios[92]. Alguns juristas medievais já haviam estabelecido a distinção entre a propriedade dos súditos (*proprietas*) e o poder de julgar e fazer justiça do imperador (*jurisdictio*), que era senhor (*dominus*) somente no que se referia à jurisdição, o que não incluía os bens de seus súditos. Bodin parece retomar essa distinção, ao sustentar que a posse da soberania não implica a posse das propriedades dos súditos. Nesse sentido, combate a tese de Jason de Mayno (1435-1519), um dos conselheiros de Luís XII, segundo qual o rei era o detentor de todos os direitos, inclusive de se apossar dos bens de seus súditos, já que era o legítimo proprietário de todas as coisas do reino. Utilizando tradicional argumento de Sêneca de que o poder público pertence aos reis e a propriedade, aos particulares, Bodin

---

91. Cf. ibid., L. V, c. 6, p. 191-193.

92. Cf. ibid., L. I, c. 8, p. 222.

repudia essa tese, considerando-a uma das mais perniciosas à República[93].

A intervenção na propriedade dos súditos é justificada por Bodin apenas em casos de extrema urgência, quando há um perigo comprovado e iminente que coloque em risco a existência da República. Em tais casos, como naquelas situações que justificam o descumprimento dos contratos, o público deve ter prioridade sobre os interesses particulares; e o soberano, como representante e defensor do bem público, não necessita da autorização de seus súditos para tomar suas propriedades[94].

Ao afirmar que o poder do soberano está também sujeito a certas leis humanas comuns a todos os povos, Bodin também não especifica quais são essas leis nem as enuncia. Talvez ele estivesse se referindo a certos princípios partilhados por todas as nações, encontrados por meio daquele amplo processo comparativo entre as legislações dos mais diversos povos que, se fossem contrariados, colocariam a própria soberania em xeque. O melhor exemplo desses princípios eram as leis fundamentais que conservavam e mantinham o reino francês.

De fato, entre os séculos XIII e XV, foram extraídas das normas costumeiras francesas algumas disposições que se constituíram em regras próprias ao *status republicae*. Como expressão de uma vontade coletiva, elas eram consideradas independentes e superiores a toda vontade particular, inclusive a do monarca, que não as podia modificar. Elas fixavam prerrogativas e estipulavam limites, dentro dos quais o poder real devia atuar e contra as quais não podia se opor[95].

---

93. Cf. ibid., p. 221.

94. Cf. ibid., p. 201.

95. Cf. RIGAUDIERE, A. "Loi et État dans la France du Bas Moyen Âge". *L'État moderne: le droit, l'espace et les formes de l'État*. Paris: CNRS, 1990, p. 33-59.

Denominadas por Bodin de leis fundamentais, tais regras representariam princípios constitucionais, cuja revogação colocaria em risco a própria soberania, uma vez que estavam intimamente vinculadas à sua existência: *"Quanto às leis que concernem ao estado do reino e seu estabelecimento, uma vez que estão unidas e anexadas à coroa, o príncipe não as pode derrogar, como a lei Sálica; se o fizer, seu sucessor pode sempre anular o que fez em prejuízo das leis reais, sobre as quais está apoiada e fundada a majestade soberana"*[96].

Além da lei Sálica, que regulava a sucessão ao trono, Bodin refere-se também à lei que proibia a alienação dos domínios da Coroa, isto é, as propriedades públicas, as rendas recebidas sob as formas de tributos ou confiscos e todos os recursos pertencentes ao tesouro público. A noção de que os domínios da Coroa francesa não poderiam ser alienados podia ser identificada desde o juramento de coroação de Carlos V, em 1365. Mas a forte personalização do poder real e a falta de uma clara distinção entre o patrimônio privado do monarca e o domínio público retardaram seu reconhecimento como lei fundamental do reino. Até o século XV ela era utilizada principalmente para permitir ao monarca revogar as alienações realizadas por seus predecessores. Para que ganhasse reconhecimento jurídico foi necessário o estabelecimento de um laço entre o domínio da Coroa e a impossibilidade de o rei dispor livremente desse domínio, o que veio a acontecer somente em 1566, com o édito de Moulins, que a consagrou como lei fundamental do reino francês.

Bodin reafirmou o princípio da inalienabilidade do domínio público como limite ao poder do soberano quando participou dos Estados Gerais de Blois. Diante

---

96. Cf. BODIN, J. *Les six livres de la République*. Op. cit. L. I, c. 8 p. 197.

do projeto real de alienar parte do domínio da Coroa, a fim de recuperar as débeis finanças do reino, abaladas pelas guerras de religião, Bodin recordou o édito de Moulins e liderou a resistência do terceiro estado, argumentando que o rei não era proprietário desse domínio, mas um simples usuário. A demanda real foi rejeitada e a assembleia propôs, além da contenção de despesas, outras formas de receita[97].

Na teoria construída por Bodin, o poder do soberano tem assim um campo de ação demarcado pelas leis divinas e naturais e por certas leis comuns a todos os povos. Elas representam uma espécie de delimitação das fronteiras dentro das quais o poder político deve ser exercido. Bodin parece sugerir que, para exercer a soberania, o seu detentor não deve ultrapassar tais limites. Se desrespeitá-los, quando não há um perigo real e iminente que coloque em risco a República, a sua ação deixa de ser legítima para tornar-se discricionária, sustentada apenas na força.

Portanto, o exercício do poder soberano para Bodin tem uma área bem definida: o direito positivo. Dentro desse âmbito, o soberano detém realmente um poder absoluto, uma vez que cria, altera e anula as leis civis de acordo unicamente com a sua vontade. Nele, e somente nele, o seu poder é verdadeiramente incondicional, independente e supremo.

---

[97]. Cf. BODIN, J. *Recueil journalier de tout qui s'est négocié en la compagnie du tiers Estat de France, en l'assemblée génerale des trois Etats assignez par le roy en la ville de Blois au 15 novembre 1576.* Paris: Bibliotheque Nationale, p. 28-40.

Oitava lição

Estado e governo

O conceito de soberania é o centro a partir do qual gravita o pensamento político e jurídico de Bodin. Ele é utilizado, por exemplo, como critério para a classificação do estado da República: "*É preciso verificar, em toda República, aquele que detém a soberania, para julgar qual é o Estado; se a soberania pertence a um só príncipe, nós o chamaremos monarquia; se pertence a todo o povo, nós diremos que o estado é popular; se pertence só à menor parte do povo, nós diremos que o estado é aristocrático*"[98].

Se a tipologia consagrada pela tradição aristotélica é mantida, com apenas o acréscimo do uso do termo estado para designar o regime político estabelecido a partir do número de pessoas que detêm o poder soberano, Bodin recusa categoricamente a existência de uma quarta forma de Estado[99].

O regime misto, resultado da combinação ou da mistura dos três regimes simples, era considerado por muitos autores renascentistas como a melhor forma de constituição política. Seus defensores se baseavam principalmente na opinião de Políbio, reproduzida por Cícero e tantos outros filósofos, de que a grandeza de Roma, no período republicano, havia sido

---

98. Cf. BODIN, J. *Les six livres de la République*. Op. cit. L. II, c. 1, p. 7.

99. Cf. ibid., p. 26.

consequência de seu regime misto, uma vez que o poder supremo residia em parte no Senado, em parte nos cônsules e em parte no povo[100].

Para Bodin, a república romana havia sido um Estado popular, porque os poderes atribuídos ao Senado e aos Cônsules estavam submetidos, em última instância, à vontade do povo, o verdadeiro detentor da soberania[101]. Já Esparta e Veneza, tomadas também como exemplos de regime misto, haviam sido estados populares, no período em que o povo exerceu o poder soberano, e depois se tornaram estados aristocráticos, quando a soberania passou para as mãos dos nobres[102].

A recusa de Bodin em conceber um Estado misto estava fundamentada no pressuposto de que a soberania não podia ser partilhada, pois a divisão de seus direitos – promulgar e revogar as leis, criar as magistraturas e atribuir suas funções, declarar a guerra e concluir a paz, atribuir penas e recompensas, julgar em última instância, etc. – resultaria necessariamente na sua destruição. A questão da indivisibilidade lhe parecia tão evidente que não se encontra uma discussão detalhada sobre essa possibilidade. O argumento decisivo é que, se os direitos da soberania estão distribuídos em várias partes da comunidade política, a unidade de comando desaparece e o resultado é a completa anarquia.

O regime misto era para Bodin uma ilusão de alguns autores que haviam confundido as formas de Estado com as formas de governo: "*Essa variedade de formas de governo tem induzido ao erro aqueles que misturaram as Repúblicas,*

---

100. Cf. POLÍBIO. *Histórias*. L. VI. [s.l.]: [s.e.], p. 480-487.

101. Cf. BODIN, J. "Methodus ad facilem historiarum cognitionem". Op. cit., p. 363 B-365 B.

102. Cf. ibid., p. 366 B-370 A.

sem perceber que o Estado de uma República é diferente do seu governo e da sua administração"[103].

Segundo Bodin, as diversas maneiras que a soberania pode ser exercida não modificam o Estado de uma República. Se o Estado monárquico for administrado de maneira corrupta, sábia, belicosa ou justa, não deixa de ser uma monarquia. Assim, as virtudes ou os vícios no exercício do poder soberano não alteram o regime político[104].

Mas se o Estado de uma República é claramente definido pelo número de pessoas que detêm a soberania, não se encontra um uso preciso da palavra governo. Algumas vezes governo denomina o conjunto de órgãos, cuja função é executar a vontade do soberano, responsáveis pela administração da coisa pública. Nesse sentido, as formas de governo são classificadas em aristocrática, popular ou harmônica, de acordo com o nível de participação dos súditos nas magistraturas e nos cargos públicos. Por exemplo, num Estado monárquico, o governo será popular, se o monarca permitir que todos os cidadãos participem das magistraturas e dos cargos públicos; ou aristocrático, se permitir apenas a participação de um grupo privilegiado; ou ainda harmônico, se houver uma combinação na participação do povo e dos nobres.

Outras vezes governo designa a maneira como o soberano trata a coisa pública, ou ainda como ele se relaciona com os seus súditos. Nesse sentido, as formas de governo são classificadas em legítima, despótica ou tirânica. Por exemplo, num Estado monárquico, o governo será legítimo, se o monarca respeitar a liberdade e a propriedade dos súditos, obedecendo as leis divinas e naturais; ou despótico, se tratar

---

103. Cf. BODIN, J. *Les six livres de la République*. Op. cit. L. I, c. 2, p. 34.

104. Cf. ibid., p. 362 A

a coisa pública como se fosse sua propriedade; ou ainda tirânico, se transformar os súditos em escravos, usufruindo de seus bens como deseja, desprezando as leis divinas e naturais[105].

Apesar dessas imprecisões, a distinção entre Estado e governo, com suas diferentes e múltiplas combinações, possibilita a Bodin, sem abrir mão do princípio da indivisibilidade da soberania, uma análise da complexa realidade da estrutura e da administração da comunidade política.

A questão da mudança no regime político também é abordada a partir do conceito de soberania: *"Eu chamo mudança de República, mudança de Estado: quando a soberania de um povo passa para o poder de um príncipe, ou o poder dos aristocratas passa para o povo, ou ainda ao contrário, pois a mudança de leis, de costumes, de religião, de lugares, não é outra coisa senão uma alteração, já que a soberania permanece inalterada"*[106].

Só há para Bodin mudança no regime político quando o poder soberano muda de mãos, ou seja, quando há uma alteração no Estado da República. Essas mudanças são descritas como voluntárias, quando o detentor da soberania transfere voluntariamente seu poder, ou necessárias, quando a transferência é realizada involuntariamente. As necessárias, por sua vez, são naturais, quando acontecem em decorrência do tempo, ou violentas, quando a ordem natural não é respeitada. Bodin não especifica quais são as causas que provocam tais mudanças, permanecendo apenas numa perspectiva mais genérica[107].

---

105. Cf. ibid., L. II, c. 1, p. 35-55.

106. Cf. Ibid., L. IV, c. 1, p. 8.

107. Cf. ibid., p. 16-17.

Outras formas de mudanças, chamadas por Bodin de imperfeitas, são aquelas que ocorrem na forma de governo, sem que a soberania seja transferida. Essas mudanças são consideradas mais comuns e menos traumáticas, uma vez que não há uma alteração no regime político e o Estado é mantido[108].

---

108. Cf. ibid., L. VI, c. 1, p. 17.

Nona lição

A melhor constituição política

No final do capítulo VI do *Methodus* e no último livro da *République*, Bodin discute as vantagens e desvantagens das diferentes formas de Estado e de governo, a fim de determinar qual seria a melhor constituição política para uma República.

Entre as vantagens tradicionalmente atribuídas ao Estado popular, Bodin menciona as condições favoráveis para os cidadãos desenvolverem suas potencialidades, já que eles podem se expressar sem restrições, pois participam livremente dos negócios públicos. Outra qualidade desse Estado é que os cidadãos respeitam e cuidam mais do patrimônio público, uma vez que a participação na riqueza e a distribuição dos bens são mais equitativas. Além disso, como a soberania pertence ao povo, todos se submetem igualmente à lei, por ser o resultado de um consenso geral. A plena igualdade entre os cidadãos evitaria também a arrogância, a avareza, a inveja e a rivalidade, que colocam em risco a amizade, o verdadeiro fundamento da sociedade humana[109].

No entanto, a liberdade tão propagada das democracias não passava de um engodo para Bodin. Se ela realmente existisse, não haveria a enorme quantidade de leis que se

---

109. Cf. ibid., c. 4, p. 146-147.

encontra nos estados populares. O ideal igualitário era também uma grande ilusão, que não correspondia à realidade, pois jamais existiu uma comunidade política em que os bens e as honras fossem igualmente distribuídos; e se existisse, haveria um conflito permanente, uma vez que os homens não suportam ser idênticos e querem sempre superar uns aos outros. Além do mais, essa igualdade era incompatível com a hierarquia natural e a relação de mando e obediência presente em todo agrupamento social. Apoiado nas experiências de Atenas, Roma e outras Repúblicas, nas quais a soberania pertenceu ao povo, e nas opiniões desfavoráveis de Xenofonte e Aristóteles, Bodin enumera então uma série de desvantagens do Estado popular: a dificuldade de reunir numa assembleia todo o povo para tomar decisões; a fúria dessas assembleias populares; a insensatez inevitável nas decisões; a inconstância da vontade popular; o império da mediocridade; e, principalmente, o despreparo e a desqualificação do povo para os negócios públicos. Mas o argumento mais decisivo contra o Estado popular parece ser a sua incompatibilidade com os direitos de propriedade e da família, que são pressupostos para a existência de uma República[110].

A principal vantagem atribuída ao Estado aristocrático pelos seus defensores era que ele representava o justo meio entre dois extremos. Ao invés da soberania residir numa só pessoa ou no povo, ela pertencia aos melhores: os mais sábios ou os mais virtuosos. O ideal aristocrático parecia então ir ao encontro da razão natural, uma vez que era mais sensato encarregar os melhores para conduzir os negócios públicos. Outro argumento favorável era a constatação histórica de que as dificuldades na administração pública sempre encaminharam as Repúblicas à forma aristocrática: em períodos de crise, o poder político passava necessariamente a ser

---

110. Cf. ibid., p. 148-162.

exercido por um pequeno grupo, que deliberava e decidia o destino da comunidade[111].

Entretanto, esses argumentos não parecem convincentes para Bodin. Primeiro, porque o termo médio, o mais digno em todas as coisas, não era encontrado por uma simples divisão matemática. Depois, dar o poder aos mais dignos lhe parecia problemático, porque entre eles sempre haveria aqueles que seriam mais dignos, e assim por diante até se chegar ao mais digno entre todos; nesse momento não se estaria mais diante de uma aristocracia, mas de um Estado monárquico, já que a soberania havia sido totalmente transferida para uma única pessoa; e caso fossem encontradas essas pessoas mais dignas, haveria os mesmos inconvenientes do Estado popular com suas assembleias. Mas o principal inconveniente das aristocracias era revelado pela experiência, que mostrava as constantes disputas e dissensões nesses estados. Segundo Bodin, o poder partilhado necessariamente cria facções, engendra rivalidades e gera conflitos; e dessas disputas nasce inevitavelmente um clima de temor e desconfiança, que se estende normalmente ao povo, servindo de pretexto para revoltas e guerras civis[112].

Bodin reconhece que o Estado monárquico também tem suas inconveniências. A maioria delas está relacionada à sucessão, como a falta de garantia na continuidade dos tratados e das alianças, a possibilidade de os negócios públicos dependerem do caráter do novo monarca e a minoridade do sucessor. Se a monarquia for eletiva, os inconvenientes tornam-se maiores. Entre eles, o risco de o domínio público ser dissipado, pois o monarca pode fazer doações de parte desse domínio para os filhos, já que sabe que seus descendentes

---

111. Cf. ibid., 164-166.

112. Cf. ibid., p. 168-178.

não iriam sucedê-lo; a possibilidade da vitória de um pretendente indigno ao trono; e a probabilidade de disputas entre os pretendentes à coroa que conduz os seus partidários ao conflito, dividindo o reino em facções opostas[113].

Mas os inconvenientes da monarquia eletiva ainda são menores, segundo Bodin, quando comparados com os dos estados populares e aristocráticos, nos quais as eleições são muito mais frequentes[114]. No caso da monarquia hereditária, além da garantia do cuidado com o patrimônio público, uma vez que o monarca sabe que seus descendentes vão desfrutá-lo, o perigo de sedições e revoltas praticamente não existe, porque a contínua sucessão de uma mesma família traz a reverência necessária à estabilidade. Assim, sendo eletiva ou hereditária, a monarquia aparece como o melhor regime político comparado com os demais.

Os argumentos mobilizados para provar a superioridade da monarquia são de diferentes procedências. O primeiro grupo é retirado da história, que mostra a aprovação dos povos antigos e o recurso ao Estado monárquico quando estados populares e aristocráticos encontram-se em perigo. O segundo grupo vem da autoridade tanto dos filósofos quanto das Sagradas Escrituras, que prescrevem a monarquia. Outro argumento favorável ao Estado monárquico é que ele se aproxima mais da ordem natural, uma vez que o comando de um só pode ser identificado na organização do universo, entre os animais, na família e mesmo no ser humano. Mas o argumento mais decisivo é que a monarquia se adapta melhor à natureza da soberania, que requer a unidade de comando. Para Bodin, o poder soberano encontra seu suporte material mais adequado no Estado monárquico, no qual há uma única

---

113. Cf. ibid., c. 6, p. 175-178.

114. Cf. ibid., c. 5, p. 198-214.

vontade no comando da República, garantindo a unidade e coesão necessárias ao corpo político[115].

Se o Estado monárquico é considerado o melhor regime político, resta ainda saber qual é a melhor forma de governo. Quando a palavra governo é empregada no sentido da maneira como o soberano trata a coisa pública, Bodin considera que o melhor governo é o legítimo. A razão de sua escolha deve-se ao fato de que num governo legítimo o monarca tem um profundo apreço pelas leis divinas e naturais, respeitando a liberdade e propriedade de seus súditos[116]. Já quando governo significa a participação dos súditos nas magistraturas e funções públicas, Bodin sustenta que o melhor governo é o harmônico, resultado da combinação dos governos aristocrático e popular[117].

O governo popular, no qual a participação é determinada por leis invariáveis, sem privilegiar quem quer que seja, é comparado à régua de Policleto, utilizada pelos antigos arquitetos para medições rigorosas, por ser tão dura e firme que não podia ser dobrada nem para um lado nem para o outro. Como essa forma de governo é regulada pela proporção aritmética, que estipula a igualdade irrestrita entre as partes, ela seria mais adequada ao Estado popular, no qual os encargos e benefícios são divididos igualmente entre todos os cidadãos[118].

O governo aristocrático, que considera as diferenças entre os súditos na participação das magistraturas, é comparado à antiga régua lesbiana, feita de chumbo, para poder se acomodar melhor ao formato das pedras. Como é regulado

---

115. Cf. ibid., c. 4, p. 178-189.

116. Cf. ibid., L. III, c. 3, p. 44.

117. Cf. ibid., L. VI, c. 6, p. 251.

118. Cf. ibid., p. 258.

pela proporção geométrica, que estipula a relação proporcional entre o todo e as partes, ele seria mais conveniente ao Estado aristocrático, no qual as recompensas e os ônus são distribuídos de acordo com as qualidades de cada um[119].

Bodin argumenta que as duas formas de governo trazem inconvenientes para uma monarquia. Se o governo for somente popular, sustentado numa proporção aritmética que divide os cargos públicos igualmente entre os súditos, os nobres se sentirão injustiçados e podem tentar mudar o regime político; se for unicamente aristocrático, sustentado numa proporção geométrica que estipula a participação nas magistraturas entre os nobres, o povo poderá se rebelar e tentar mudar o regime político[120].

Assim, tanto a proporção aritmética quanto a geométrica, quando empregadas de maneira simples, seriam incapazes de manter a estabilidade política, porque promovem ou o rigor excessivo da lei, ou a possibilidade do seu rompimento pela arbitrária interpretação do magistrado. Por isso, segundo Bodin, as duas proporções devem ser combinadas numa terceira: a proporção harmônica, na qual se baseiam tanto a consonância musical quanto o princípio da correta organização do mundo físico e espiritual.

A proporção harmônica é considerada a única capaz de conciliar os extremos, colocando-os em concordância, porque permite a união e ordenação de diversos elementos, por meio do acordo de suas diferenças, dando-lhes a necessária unidade. Somente ela possibilita que os extremos se unam pelos intermediários que os reagrupam, seguindo dessa maneira a ordem instaurada por Deus no universo em que os justos meios conciliam os contrários[121].

---

119. Cf. ibid., p. 296.

120. Cf. ibid. p. 262-298.

121. Cf. ibid., p. 261.

A proporção harmônica deve ser assim o modelo e a regra para o governo do Estado monárquico. Se num governo popular existe a intransigência da imutabilidade da regra aritmética, e num governo aristocrático há a incerteza da variedade da regra geométrica, o governo baseado na proporção harmônica garante a igualdade e a semelhança, sem os riscos da aplicação rígida e automática da lei ou do arbítrio discricionário dos magistrados. O governo harmônico não suprime nem as aspirações igualitárias do povo nem as exigências hierárquicas da nobreza, mas as engloba, unindo-as. É o único que pode dar a cada um o seu lugar, administrando os conflitos e assegurando a estabilidade numa sociedade plural. Portanto, só o governo harmônico pode equilibrar ou acomodar as forças antagônicas, fazendo da comunidade política um coro no qual se encontram conciliados todos os seus componentes[122].

---

122. Cf. ibid., p. 255.

Décima lição

A justiça

Como jurista de formação e de profissão, Bodin não deixa de refletir sobre a justiça. Ele reconhece uma tradição platônica, segundo a qual a verdadeira justiça é aquela que institui uma ordem bem definida entre as partes tanto na comunidade política quanto na alma humana, impondo uma disposição hierárquica na qual o papel de cada elemento é determinado pelas exigências do conjunto. A constituição e organização do universo, cuja beleza e perfeição provêm da ordenação hierárquica de seus componentes, é o principal modelo dessa forma de justiça[123]: o homem instaura a justiça em sua alma quando os elementos que a compõem estão dispostos hierarquicamente segundo a ordem da sua natureza; a comunidade torna-se justa, quando seus membros cumprem, conforme sua natureza, a função mais adequada para o bem do todo[124].

Mas não é dessa virtude superior que Bodin deseja tratar. Do mesmo modo, ao se referir à análise aristotélica, ele não se detém no sentido lato do termo justiça, analisado a partir da definição tradicional do justo como o respeitador da lei. Essa disposição de caráter que leva o homem a cumprir as prescrições do legislador também não lhe interessa[125].

---

123. Cf. PLATÃO. *Timeu* [s.n.t.], p. 28-41.

124. Cf. PLATÃO. *República*. [s.n.t.], p. 443 d-e; 444 e; 433 a.

125. Cf. ARISTÓTELES. *Ética a Nicômaco*, V, 1-2. [s.n.t.], p. 1.129 b-1.130 b.

A sua atenção volta-se para aquele sentido mais estreito que Aristóteles denomina de justiça particular, cujo objetivo é encontrar a correta repartição dos bens exteriores entre os membros de uma comunidade, limitando-se a indicar o que pertence a cada um. A justiça que lhe interessa discutir é aquela definida no seu opúsculo *Iuris universi distributio* como a causa final da arte jurídica, que estabelece a reciprocidade, isto é, a correta distribuição de direitos e de deveres entre os membros de uma comunidade política. Aplicada à vida pública, é a virtude que garante a cada cidadão o que lhe é devido, de acordo com o que determina o ordenamento jurídico da comunidade[126].

A questão é saber como se realiza objetivamente essa distribuição, ou seja, como se estabelece essa justa relação entre as coisas e as pessoas. Bodin se detém então nas duas espécies de justiça particular denominadas por Aristóteles de comutativa e distributiva: a primeira visa reparar situações de danos, causados voluntariamente ou não, nas transações entre os indivíduos; e a segunda se manifesta nas distribuições de bens, de cargos e encargos de acordo com os méritos de cada um.

Bodin reconhece que a justiça comutativa, fundada num princípio igualitário, não distingue as pessoas envolvidas, levando em conta apenas a diferença que provém do dano, a fim de corrigi-lo: em questões relacionadas ao comércio ou aos contratos, a retificação se dá a partir da determinação do intermediário entre o ganho e a perda, do justo meio entre um excesso e uma falta, restaurando o equilíbrio mediante a compensação para a parte ofendida; em questões referentes

---

126. BODIN, J. "Iuris universi distributio". *Oeuvres Philosophiques de Jean Bodin*. Paris: PUF, 1951, p. 80 A.

aos delitos, a correção se dá por meio da sanção que impõe a restituição do objeto violado ou a reparação do prejuízo causado[127].

Já a justiça distributiva considera o mérito de cada um, a fim de distribuir adequadamente as coisas de acordo com as características das pessoas envolvidas, uma vez que em diversas situações – atribuição de um cargo público, divisão de uma herança, repartição dos tributos – tratar iguais de maneira desigual e desiguais de maneira igual não parece ser um princípio justo[128].

Bodin denuncia, no entanto, o esquecimento da mais bela forma de justiça, que é a harmônica: "*Mas quanto à justiça harmônica, nem os antigos gregos nem os latinos nem ninguém ainda lhe fez menção, fosse para a distribuição da justiça, fosse para o governo da República, apesar de ela ser a mais divina e excelente*"[129].

Para compreender o que é a justiça harmônica, Bodin considera necessário conhecer tanto a prática jurídica quanto os princípios matemáticos: se a justiça é considerada a adequada repartição das coisas entre as pessoas, estipulada por um juiz, a prática forense torna-se indispensável para entender sua realização; e se seu estabelecimento depende necessariamente de uma correta relação entre as coisas e as pessoas, é preciso associar as maneiras de distribuir a justiça às proporções matemáticas[130].

---

127. Cf. ARISTÓTELES. *Ética a Nicômaco*. Op. cit. V, 3, p. 1.131 a-b.

128. Cf. ibid., V, 4, p. 1.132 a-b.

129. Cf. BODIN, J. *Les six livres de la République*. Op. cit. L. VI, c. 6, p. 253.

130. Cf. ibid., p. 252-253.

Bodin reconhece que toda repartição das coisas entre as pessoas está submetida a um tipo de proporção: a proporção aritmética é conveniente às questões de crédito, de empréstimos, de consignações e de depósitos, porque considera a igualdade entre as coisas, sem distinção de pessoas, assim como a lei é a mesma para todos; a proporção geométrica é adequada aos casos de penas e recompensas, porque considera a similitude entre as coisas e as pessoas, como a equidade; já a proporção harmônica, resultado da combinação das duas anteriores, é conveniente às questões em que há necessidade de levar em conta tanto a lei quanto a equidade, porque considera a igualdade e a similitude na apreciação dos casos.

Como a verdadeira justiça só é alcançada quando é realizada a síntese entre a lei e a equidade, Bodin considera que a proporção matemática que possibilita tal síntese é a harmônica. O exemplo colocado numa das notas marginais do texto ilustra sua composição: a proporção geométrica é identificada na série numérica 3, 9, 27, 81, que tem sempre a mesma razão e as diferenças entre seus elementos não são iguais, mas mantêm certa semelhança; a proporção aritmética, na série 3, 9, 15, 21, 27, que apresenta uma razão que estipula sempre a mesma diferença entre seus elementos; e a proporção harmônica, na série 3, 4, 6, 8, 12, que se inicia com o mesmo elemento das outras duas, mas tem seus intervalos ora determinados por diferenças iguais (4, 6, 8), ora por diferenças semelhantes (3, 6, 12), englobando as outras duas proporções numa só[131].

Os matemáticos denunciam dois equívocos nessa concepção de Bodin: a confusão entre progressão e proporção; e a consideração da proporção harmônica como resulta-

---

131. Cf. Ibid., p. 254.

do da combinação das proporções aritmética e geométrica[132].

O primeiro equívoco seria resultado de uma ambiguidade entre as noções de mediania – definida como um grupo de três números diferentes, de modo que duas de suas diferenças estão entre elas numa mesma relação que um desses números com ele mesmo ou com um dos outros dois – e de progressão – uma série de números, em princípio ilimitada, de modo que três números consecutivos formam uma mediania, que deve ser encontrada em qualquer grupo de três números dessa série. Ambas teriam sido tratadas, desde a Antiguidade, pelo termo proporção. Os antigos haviam identificado onze formas de mediania, sendo as mais conhecidas a aritmética, a geométrica e a harmônica, conforme o termo médio fosse aritmético, geométrico ou harmônico. A partir delas, eles conceberam as três progressões, tratadas por Bodin como proporções.

O segundo equívoco viria de uma tradição que pode ser identificada no *Timeu* de Platão, em que a progressão harmônica (1, 2, 3, 4, 8, 9, 16) é apresentada como a mistura de duas progressões geométricas, uma de razão 2 (1, 2, 4, 8, 16) e outra de razão 3 (1, 3, 9, 27)[133].

Sem entrar nesse debate sobre a correta formação da progressão harmônica, é importante ressaltar o esforço de Bodin para encontrar um método rigoroso, baseado em relações quantificáveis, para a determinação da justiça. Isso denota uma preocupação em teorizar as relações jurídicas

---

132. Cf. KOUSKOFF, G. *"Justice arithmetique, justice geometrique, justice harmonique"*. Actes du colloque inter-disciplinaire d'Angers. Angers: Presses de l'Université d'Angers, 1985, p. 327-334.

133. Cf. PLATÃO. *Timeu*. Op. cit., p. 36 a-b.

a partir de um referencial mais exato e preciso. Bodin tenta decifrar os números e estabelecer uma teoria da justiça a partir de certas relações matemáticas. Mais do que o resultado de seu esforço, é preciso destacar sua atitude metodológica, cuja finalidade era encontrar uma ordem matemática que tudo rege, reflexo daquela ordem escondida na harmonia do universo, que é regido pela lei divina.

Conclusão

O pensamento político e jurídico de Jean Bodin parece então marcar a transição entre a filosofia medieval e moderna.

De um lado, encontra-se ancorado numa metafísica própria da filosofia cristã que dominou o período medieval. A concepção de um corpo político sustentado na ordenação do cosmos, entendido como um sistema harmonioso pleno de sentido e de valor, criado e mantido pela vontade divina, denota um naturalismo impregnado de princípios cristãos. O recurso à lei divina e natural para sustentar e limitar o poder político revela uma tradição teológico-política presente de Agostinho a Tomás de Aquino.

Por outro lado, efetiva a modernidade política, ao conceber um poder totalmente laico que afasta qualquer ideia de submissão à autoridade eclesiástica, um poder indivisível que rejeita a antiga noção de regime misto. Ao definir a soberania como poder perpétuo e absoluto, estabelece os princípios para as teorias do Estado moderno, cuja unidade formal é dada por esse conceito único, unitário e unificador. Não reproduz mais as estruturas da cidade antiga, do império universal ou dos reinos medievais, mas elabora estruturas jurídicas renovadas a partir desse poder legislador, que comanda e organiza o funcionamento do Estado.

Assim, sua reflexão parece ter traços modernos num quadro de referências medievais. Essa imagem de um pensamento que oscila entre dois universos conceituais tem sido reforçada pelo fato de Bodin ser um autor renascentista, que escreveu numa época considerada de passagem, na qual concepções medievais foram sendo substituídas lentamente por aquelas que vão nortear a modernidade.

Mas o Renascimento não deve ser visto apenas como um momento de transição. Ele precisa ser avaliado a partir de suas próprias características, que se manifestam claramente na obra de Bodin. Ao ser considerada a especificidade desse período, as aparentes ambiguidades do pensamento político e jurídico de Bodin – como as limitações impostas a um poder absoluto – são amenizadas e passam a ser compreendidas como intrínsecas à filosofia da Renascença.

O esforço em compreender o pensamento político e jurídico de Bodin, em especial sua teoria da soberania, não se deve apenas ao fato de ele ter elaborado um conceito que se tornou uma referência histórica fundamental nas teorias do Estado moderno. No momento em que se discute, cada vez com mais frequência, se os Estados ainda podem ser considerados soberanos, capazes de determinar de maneira autônoma e independente, em seus territórios, as suas políticas internas e externas, a análise de sua teoria da soberania parece ser, no mínimo, prudente.

REFERÊNCIAS

BARROS, A.R.G. "Direito natural e propriedade em Jean Bodin". *Trans/Form/Ação*, n. 29, 2006, p. 31-43.

_____. "História e direito em Jean Bodin". *Philosophica*, n. 6, 2005, p. 65-80.

_____. "Bodin e o humanismo jurídico". *Revista Integração*, n. 37, 2004, p. 65-72.

_____. "Bodin et le projet d'une science du droit". *Nouvelle Revue du XVI Siècle*, n. 21, 2003, p. 57-70.

_____. *A Teoria da Soberania de Jean Bodin*. São Paulo: Unimarco/Fapesp, 2001.

BARTELSON, J. *A genealogy of sovereignty*. Cambridge: Cambridge University Press, 1995.

BASDEVANT, J. "La contribution de Jean Bodin à la formation du droit international moderne". *Revue Historique du Droit Français et Étranger*, n. 23, 1944, p. 143-178.

BODIN, J. *Les six livres de la République*. 6 vols. Paris: Fayard, 1986.

_____. *Colloque de Jean Bodin des secrets cachez de choses sublimes entre sept savants qui sont de différents sentiments*. Genebra: Droz, 1984.

_____. *De la démonomanie des sorciers*. Paris: Gutemberg, 1979.

_____. "Oratio de instituenda in Republica iuuventute ad Senatum Populumque Tolosatem". *Oeuvres Philosophiques de Jean Bodin*. Paris: PUF, 1951, p. 7 A-30 B.

_____. "Methodus ad facilem historiarum cognitionem". *Oeuvres Philosophiques de Jean Bodin*. Paris: PUF, 1951, p. 273 A-473 B.

_____. "Iuris universi distributio". *Oeuvres Philosophiques de Jean Bodin*. Paris: PUF, 1951, p. 71 A-80 B.

_____. *La reponse de maistre Jean Bodin advocat en la cour au paradoxe de Monsieur de Malestroit, touchant l'encherissement de toutes choses, & le moyen d'y remedier.* Paris: Armand Colin, 1932.

_____. *Recueil journalier de tout qui s'est négocié en la compagnie du tiers Estat de France, en l'assemblée generale des trois Etats assignez par le roy en la ville de Blois au 15 novembre 1576.* Paris: Bibliotheque Nationale [microfilme n. 23.860].

_____. *Oppiani de Venatione libri III Ioanne Bodino interprete.* Paris: [s.e.], 1555.

_____. *Universae naturae theatrum.* Paris: Bibliotheque Nationale, [s.d.] [microfilme n. 43.784].

CALASSO, F. *Medio Evo del diritto.* Milão: Dott A. Giuffrè, 1954.

COTROENO, G. *Jean Bodin:* teorico della storia. Nápolis: Scientifiche Italiane, 1966.

COUZINET, M.-D. *Histoire et methode a la Renaissance*: une lecture de la Methodus de Jean Bodin. Paris: Vrin, 1996.

CRAHAY, R. "Jean Bodin aux États Généraux de 1576". *Assemblee di Stati e Istituzioni Rappresentative nella Storia del Pensiero Politico Moderno.* Rimini: Maggioli, 1983, p. 85-120.

CROSARA, F. "Dante e Bartolo da Sassoferrato: politica e diritto nell'Italia del Trecento". *Bartolo da Sassoferrato*: studi e documenti. Milão: Dott A. Giuffrè, 1962.

DUBOIS, C. *La conception de l'histoire en France au XVIe siècle.* Paris: Nizet, 1977.

DUCOS, M. "Le tableau du droit universel de Jean Bodin et la tradition romaine". *Bulletin de l'Association Guillaume Budé,* 1987, p 49-61.

FRANKLIN, J. *Jean Bodin and the sixteenth-century revolution in the methodology of law and history.* Nova York: CUP, 1963.

GARIN, E. "Il concetto della storia nel pensiero del Rinascimento". *Rivista Critica di Storia Della Filosofia*, fasc. II, 1951, p. 108-118.

GIERKE, O. *Political Theories of Middle Age.* Cambridge: Cambridge University Press, 1951.

GOYARD-FABRE, S. *Jean Bodin et le droit de la République.* Paris: PUF, 1989.

_____. "Commentaire philosophique de l'exposé du droit universel". *Exposé du droit universel.* Paris: PUF, 1985, p. 85-170.

JACQUES-CHAQUIN, N. "La demonomanie des sorcies – Une lecture philosophique et politique de la sorcellerie". *Jean Bodin:* nature, histoire et politique. Paris: PUF, 1996.

KANTOROWICZ, E. *Os dois corpos do rei* – Um estudo sobre teologia política medieval. São Paulo: Companhia das Letras, 1998.

KELLEY, D. "Historia integra: Baudouin and his conception of history". *Journal of the History of Ideas,* vol. 25, 1964, p. 37-57.

KISCH, G. "Humanistic jurisprudence". *Studies in the Renaissance,* n. 8, 1961, p. 71-87.

KRITSCH, R. *Soberania*: a construção de um conceito. São Paulo: Humanitas/Imprensa Oficial, 2002.

KOUSKOFF, G. "Justice arithmetique, justice geometrique, justice harmonique". *Actes du colloque inter-disciplinaire d'Angers.* Angers: Presses de l'Université d'Angers, 1985, p. 327-336.

KUNTZ, M. "Harmony and the Heptaplomeres of Jean Bodin". *Journal of the History of Philosophy*, vol. XII, 1974, p. 131-141.

LAURENT, J. *Les idées monétaires et commerciales de Jean Bodin.* Bordeaux: Y. Cadoret, 1907.

MAFFEI, D. *Gli inizi dell'umanesimo giuridico*, Milão: Dott A. Giuffrè, 1956.

MESNARD, P. "Jean Bodin devant le problème de l'éducation". *Revue des Travaux de l'Académie des Sciences Morales et Politiques,* 1959, p. 217-227.

_____. "La place de Cujas dans la querelle de l'humanisme juridique". *Revue Historique de Droit Français et Etranger,* 1950, p. 521-537.

_____. "Jean Bodin à Toulouse". *Bibliothèque d'Humanisme et Renaissance*, n. 12, 1950, p. 31-59.

MORTARI, V.P. "Studia humanitatis e Scientia iuris in Guillaume Budé". *Studia Gratiana*, vol. XIV, 1967, p. 437-458.

_____. "Considerazioni sugli scritti programmatici dei giuristi del secolo XVI". *Studia et Documenta Historiae et Iuris,* n. 21, 1955, p. 279.

NAEF, H. "La jeunesse de Jean Bodin ou les conversions oubliées". *Bibliothèque d'Humanisme et Renaissance,* vol. VIII, 1948, p. 137-155.

ORESTANO, R. "Diritto e storia nel pensiero giuridico del secolo XVI". *La Storia del Diritto nel Quadro della Scienza Storiche*, vol. I, 1966, p. 389-415.

PASQUIER, E. *La famille de Jean Bodin*. Paris: SEF, 1933.

RIGAUDIERE, A. "Loi et État dans la France du Bas Moyen Âge". *L'État moderne: le droit, l'espace et les formes de l'État*. Paris: CNRS, 1990, p. 33-59.

ROSE, P. *Bodin and the great God of nature*. Genebra: Droz, 1980.

SMITH, C. "Jean Bodin and comparative law". *Journal of the History of Ideas*, n. 25, 1964, p. 417-422.

ULLMANN, W. *Law and politics in Middle Ages.* Cambridge: Cambridge University Press, 1975.

_____. "The development of the medieval idea of sovereignty". *English Historical Review,* n. 61, 1949, p. 1-34.

VASOLI, C. "La dialettica umanistica e la metodologia giuridica nel secolo XVI". *La formazione storica del diritto moderno in Europa.* Vol. I. Firenze: Leo S. Olschki, 1977, p. 237-279.

_____. "Jean Bodin, il problema cinquecentesco della 'Methodus' e la sua applicazione alla conoscenza storica". *Filosofia*, fasc. II, 1970, p. 137-172.

WEBER, H. "Utilisation et critique de la Politique d'Aristote dans la République de Bodin". *Classical Influences on European Culture*. [s.l.]: [s.e.], 1976, p. 305-313.

WILKS, M. *The problem of sovereignty in the Latter Middle Age*. Cambridge: Cambridge University Press, 1963.

COLEÇÃO 10 LIÇÕES
Coordenador: *Flamarion Tavares Leite*

- *10 lições sobre Kant*
  Flamarion Tavares Leite
- *10 lições sobre Marx*
  Fernando Magalhães
- *10 lições sobre Maquiavel*
  Vinícius Soares de Campos Barros
- *10 lições sobre Bodin*
  Alberto Ribeiro G. de Barros
- *10 lições sobre Hegel*
  Deyve Redyson
- *10 lições sobre Schopenhauer*
  Fernando J.S. Monteiro
- *10 lições sobre Santo Agostinho*
  Marcos Roberto Nunes Costa
- *10 lições sobre Foucault*
  André Constantino Yazbek
- *10 lições sobre Rousseau*
  Rômulo de Araújo Lima
- *10 lições sobre Hannah Arendt*
  Luciano Oliveira
- *10 lições sobre Hume*
  Marconi Pequeno
- *10 lições sobre Carl Schmitt*
  Agassiz Almeida Filho
- *10 lições sobre Hobbes*
  Fernando Magalhães
- *10 lições sobre Heidegger*
  Roberto S. Kahlmeyer-Mertens
- *10 lições sobre Walter Benjamin*
  Renato Franco
- *10 lições sobre Adorno*
  Antonio Zuin, Bruno Pucci e Luiz Nabuco Lastoria
- *10 lições sobre Leibniz*
  André Chagas
- *10 lições sobre Max Weber*
  Luciano Albino
- *10 lições sobre Bobbio*
  Giuseppe Tosi
- *10 lições sobre Luhmann*
  Artur Stamford da Silva
- *10 lições sobre Fichte*
  Danilo Vaz-Curado R.M. Costa
- *10 lições sobre Gadamer*
  Roberto S. Kahlmeyer-Mertens
- *10 lições sobre Horkheimer*
  Ari Fernando Maia, Divino José da Silva e Sinésio Ferraz Bueno
- *10 lições sobre Wittgenstein*
  Gerson Francisco de Arruda Júnior
- *10 lições sobre Nietzsche*
  João Evangelista Tude de Melo Neto
- *10 lições sobre Pascal*
  Ricardo Vinícius Ibañez Mantovani
- *10 lições sobre Sloterdijk*
  Paulo Ghiraldelli Júnior
- *10 lições sobre Bourdieu*
  José Marciano Monteiro
- *10 lições sobre Merleau-Ponty*
  Iraquitan de Oliveira Caminha
- *10 lições sobre Rawls*
  Newton de Oliveira Lima
- *10 lições sobre Sócrates*
  Paulo Ghiraldelli Júnior
- *10 lições sobre Scheler*
  Roberto S. Kahlmeyer-Mertens
- *10 lições sobre Kierkegaard*
  Jonas Roos